第 1 部

DXを阻むものの正体

DX

リーダー必修講義

6つのキーテクノロジー

Graat（グロース・アーキテクチャ＆チームス株式会社）
代表取締役社長

鈴木雄介 Yusuke Suzuki

日経BP

はじめに

　デジタルトランスフォーメーション（DX：Digital Transformation）という言葉が広まって随分経つ。DXについては「聞き飽きた」、あるいは「嫌いだ」という読者も多いだろう。DXを標榜したところで、結局は「部分のIT化」や「デジタルツールの追加」になってしまい、むしろ価値のないシステムの保守や業務が増えてしまう。

　DXという言葉の名誉のためにも、その原点を知っておこう。

　DXを提唱したとされるのはエリック・ストルターマン氏（当時スウェーデン・ウメオ大学教授）だ。2004年の論文「Information Technology and the Good Life」（ITと「良い生活」）では、デジタルトランスフォーメーションという言葉を使い、ITが身の回りのあらゆるモノの中に存在するようになり、人々の生活に強く影響を与えるようになってきていることを表現している。ITの使い方を誤れば、負の影響を生んでしまう。現実は複雑だ。それを無視し、ITを「労力や忍耐、スキルを必要とせずに私たちの望みをかなえてくれる商品を提供するもの」として捉え、個別の効率や利益ばかりを目標にすれば、全体に負の影響を与えかねない。このような警鐘を鳴らしている。

　日本のDXが陥った状況こそが、ストルターマン氏の指摘した「ITの誤った使い方」だろう。DXを標榜するサービスの多くが「労力や忍耐、スキルを必要とせずに望みをかなえてくれる商品」というマーケティングメッセージを発している。そうしたサービスは、ある部分を切り取って成果を強調するばかりで、企業全体に対する負の影響を隠してしまう。

　なぜ、多くの企業でこうしたことが起きてしまうのか。ストルターマン氏の主張に従えば、これもデジタルトランスフォーメーションといえる。つまり、ITが企業活動のあらゆるところに埋め込まれたため、企業活動がITから強い影響を受けるようになった。そして現在の企業内ITが、個別の領域に対して個別の効率化を目指しているがゆえに、全体としての「良

い企業活動」を実現できなくなっている。

この問題にどう対処すべきだろうか。

筆者の経験によれば、優れた企業では、事業全体のモデルを理解する人々が、ITに何ができるか・できないかを理解し、ITによるビジネス課題の解決方法を手間を惜しまず試行錯誤している。常にITの可能性を勉強し、スキル向上に努める。ITを使って、いかに企業全体の価値を高めるか。このことを考え続けている。

結局のところ、そういった当事者による地道な努力以外に道はない。本書は、そんな努力をしようとする人に向けて、現在のITは何ができるか・できないかを説明するために書いた。

第1部では、従来の企業内IT、いわゆる「レガシーシステム」があることによって、どのように企業の活動ががんじがらめになっているかを説明する。この問題は1990年代以降に企業内ITが大規模化・複雑化する中、多くの企業で起きている。それを解決する努力を続けている企業の代表格として、先進的なウェブ企業を紹介する。

続く第2部は、先進的なウェブ企業が中心となって推進してきたアジャイル、クラウド、DevOps、マイクロサービス、クラウドネイティブの発展、プラットフォームエンジニアリングという過去25年間にわたる技術進化の解説だ。これらの言葉も「労力や忍耐、スキルを必要とせずに私たちの望みをかなえてくれる商品」と捉えられがちだが、実態はそんなものではない。

最後の第3部では、これらの説明を踏まえ、レガシーシステムを抱える企業が取り組むべき「企業内プラットフォーム」と、取り組むべきことを紹介する。企業全体の価値をどのように試行錯誤しながら向上させていけばよいのか。その方法が分かるはずだ。

DXを標榜するサービスを導入すれば問題は解決する、というのは幻想だ。効率的で効果的かつ地道な努力を始めよう。

CONTENTS

はじめに 2

第 1 部　DXを阻むものの正体 7

第 1 章　ITがビジネスを縛る 9

**第 2 部　ITロックインを
解き放つ技術群** 19

イントロダクション 20

第 2 章　アジャイル 25

2-1　ビジネスと開発をつなぐ 26
2-2　アジャイルに取り組む 50

第 3 章　クラウドとDevOps 83

　　3-1　すべてをサービス化する 84
　　3-2　クラウドとDevOpsに取り組む 106

第 4 章　マイクロサービス 123

　　4-1　すべてを疎にする 124
　　4-2　マイクロサービスに取り組む 146

第 5 章　クラウドネイティブの発展 159

　　5-1　すべてを管理する 160
　　5-2　先進的なクラウドネイティブに取り組む 174

第 6 章　プラットフォーム
　　　　　エンジニアリング 179

　　6-1　組織でプラットフォームを管理する 180
　　6-2　プラットフォームエンジニアリングに取り組む 194

第 3 部 | ITロックインから ITエンパワーへ

203

イントロダクション 204

第 7 章 企業内プラットフォームの効能

207

7-1 DXのためのプラットフォーム 208

7-2 レガシーモダナイゼーションのための
プラットフォーム 216

7-3 内製化のためのプラットフォーム 222

第 8 章 企業内プラットフォームへの 取り組み方

225

8-1 企業内プラットフォームの立ち上げ 226

8-2 ビジネス側として取り組むこと 232

8-3 IT側として取り組むこと 236

第 9 章 ITでエンパワーする

243

おわりに 260

第 1 章

ITが
ビジネスを縛る

デジタルトランスフォーメーション（DX）の推進がレガシーシステムによって妨げられている状況を、本書では「ITロックイン」と表現する。これはレガシーシステムなどのITによって、企業のビジネスや業務ががんじがらめにされ、DXに代表される大きな変革を起こせない状況を意味する。

■ レガシーシステムとITロックイン

　DXが推進されない原因として、レガシーシステムと呼ばれる企業内の古いシステム群の問題が挙げられる。ITの世界では、レガシーは「古い技術で作られた負の遺産」を意味する。経済産業省が2018年に発表したDXレポートにおいても、DXを妨げる原因としてレガシーシステムが大きく取り上げられた。DXレポートでのレガシーシステムの定義は下記の通りだ。

　　　レガシーシステムとは、技術面の老朽化、システムの肥大化・複雑化、ブラックボックス化等の問題があり、その結果として経営・事業戦略上の足かせ、高コスト構造の原因となっているシステム

　特に問題とされたのがブラックボックス化だ。「ユーザー企業において、自社システムの中身が不可視になり、自分の手で修正できない状況」になることで、「システムの全貌と機能の意義が分からない状態」になる。こうなってしまうと、何をするにも金と時間がかかる。

　この問題への対応には「2025年の崖」という時間制限がある。レガシーシステムの開発や改修に中心的に関わってきた人材の多くが2025年ごろには定年を迎え、レガシーシステムの維持が困難となる。それにより、DXレポートは「2025年以降、最大約12兆円／年の経済損失が生じる可能性」があるとしている。ところが、この本の執筆時点（2024年11月）でも、相変わらず多くの企業でレガシーシステムの問題は解決されていない。

警鐘は鳴らされているのに、なぜ企業はレガシーシステムをなくして
DXを推進できないのだろうか。この状況がITロックインだ。企業は、自
らのITによってロックイン（がんじがらめ）に陥り、そこから逃れられず身
動きが取れなくなっている。

■■ 3つのロックイン

まずは、どんなロックインが発生しているか、次の3つの観点から整理
したい。

① 金と人材のロックイン
② 業務領域のロックイン
③ 思考のロックイン

① 金と人材のロックイン

DXレポートにもあるように、レガシーシステムには金と時間がかかる。
DXレポートは、IT関連費用のうち8割以上がレガシーシステムの運用と保
守に充てられていると指摘している。これはラン・ザ・ビジネスという
「現在の業務を回すためにかかるお金」だ。残りがDXなど、新たな価値
を生み出すための投資に当たる。つまり新しいことをやろうにも、そこに
回すだけの予算を作り出せない状態にある。

レガシーシステムにお金がかかる理由は、ブラックボックス化が要因で
ある。このブラックボックス化を理解しておくことが重要だ。

レガシーシステムを改修する際、実はプログラム修正作業そのものに莫
大な費用がかかることはまれである。直接的には価値を生まない周辺作業
に、金と時間がかかる。

まず「どこを修正すべきか」を見極めるための調査が必要になる。この
調査をしないことには見積もりもできない。これには直接的な修正箇所だ

けではなく、その修正によって引き起こされる影響箇所も特定する必要がある。システムが巨大であれば、修正箇所は小さくとも影響箇所が広範囲に及ぶ可能性がある。

しかし、この調査もブラックボックス化されたシステムでは完璧に行うのが難しい。そこで修正後には「修正が正しく行われていることを確認するテスト」を実施する。このテストでは「意図通りに修正されたか」のほかに、「修正が意図しない影響を及ぼしていないか」を確認する必要もある。全体の10％を修正したとしても、残りの90％に影響がないことを確認するのだ。

この修正のためのテストを専門用語で「リグレッションテスト」と呼ぶ。修正した部分の動作を確認するテスト量が少なくても、結局はすべての機能をテストする必要があるため、テスト量が膨大になりやすい。

最後に、リリースするための調整が必要になる。複数の機能を修正する場合、1カ所ごとの改修は小さくても、それらを同時にリリースするには調整が必要だ。場合によっては、個別の要件ごとのテストをして、それら全体を取り込んだうえでのテストが必要になる。かつ、一番遅いものにタイミングを合わせると、余計な時間を待たないといけない。

ブラックボックスになっているシステムでは、それを修正しようにも、直接的な修正コストだけではなく、影響調査、リグレッションテスト、リリース調整といったことで余計な負担が生じる。

では、レガシーシステムを改修することなく、ただ動かし続けるという選択はどうだろうか。これを塩漬けと呼ぶ。特に何も手を入れなければ、システムには必要以上の大きなコストがかからないはずだ。

しかし法令の変更など企業として必ず対応が求められるような環境変化があれば、手を入れざるを得ない。塩漬けされたシステムでは、当然ながら当初の担当者は別の仕事に就いている。そうなると、よく知らない人たちが関わることになり、影響調査、リグレッションテスト、リリース調整にかかるコストと時間が増大していく。塩漬けはこのように悪循環を生み

出す可能性があるため、レガシーシステムだと分かっていても、手を入れ続けるしかなくなってしまう。こうして金と人材がロックインされていく。

② 業務領域のロックイン

　ユーザー視点のITロックインが「業務領域」のロックインだ。多くの企業が1990年代から2000年代にかけて、効率化を目的にさまざまな業務をシステム化していった。これは、非常に正しいITの使い方だ。業務作業をシステムによって自動化できれば、より多くの量をさばける。こうしてこの20年余りにわたって、業務の自動化を進めてきた。

　結果として起きたのは、業務ノウハウの喪失だ。レガシーシステムがよくできているほど、ユーザーは業務の目的と手段の因果関係を理解する必要もない。「何も考えなくても業務が成立する」という状態になる。

　これはシステムを開発したITベンダー側のエンジニアも同じことだ。エンジニアは「どういうルールになっているか」は理解しているが、「なぜそうなっているのか」は理解していない。システムはHOWで作られており、そこにWHYは存在しない。このため、システムを再構築する場合に、複数の業務を横断して最適化するといったことができなくなる。

　ビジネス環境の変化によって業務の見直しが必要になると、こうしたWHYの喪失が大きな問題になっていく。近年、あらゆる業界において多品種少量、従量課金、部門横断での販売など、業務における柔軟性を求められることが増えている。これに対して標準化を前提に大量処理を目指すIT化では、細かいユースケースに対応できず、「イレギュラー処理」という名の定常手作業が増え続けていたはずだ。

　多くのレガシーシステムは、複数の業務を束ねるように作られている。そして、それぞれの業務領域に専門家がいる。構築当初は、全体感の中で業務同士の関係を見直しながらシステム化したが、いざシステムの運用を開始すると、業務同士の関係を意識する必要がなくなる。結果として、システムを再構築しようにも、その業務領域ごとの仕様が出てくるばかり

で、全体感を持った視点で業務を見直せなくなる。

DXでは「業務を見直すべきだ」と言われるが、業務ごとの個別最適はできても、業務をまたがるような見直しには取り組めず、DXが実現しない。レガシーシステムがよくできているほど、この問題の解決は難しい。

③　思考のロックイン

最後に取り上げるのは、システム開発に直接的に関わる情報システム部門、IT子会社、そしてベンダーからの視点で発生している「思考のロックイン」だ。

DXに必要な要素として取り上げられるアジャイル、クラウド、DevOps、マイクロサービスといったものは、レガシーシステムが構築された時代とは、全く異なるパラダイムのうえで構築されている。パラダイムの変化に適応しなければ、やがて衰退していく。ビジネススクールで課題になるようなパラダイムシフトの失敗である。家電におけるソニーやシャープ、多くの半導体メーカー、写真におけるコダック、そしてフィーチャーフォン……。

新たな技術やツールがあったとしても、それを古い思考回路で使っていては、その性能を使い切ることができない。この点が世の中で強調されないのは、そういった最新技術を提供しているクラウドベンダーやツールベンダーにも責任の一端がある。彼らのKPI（重要業績評価指標）はサービスやツールが売れることなので、技術が「どんな使われ方をしようが」関係ない。むしろ、短絡的に使ってくれたほうがありがたい。時間をかけて思考を変えてもらうよりは、思考を変えずにやれる範囲で課金を始めてもらうほうがKPIの達成には役に立つ。

もちろん、責任はユーザー側にもある。前述のクラウドベンダーやツールベンダーには心あるエンジニアも多い。彼らが口をそろえて言うのは「レガシーシステムを扱っている人は、新しい技術をどう使うべきかを説明しても、頑なに思考を変えようとしない。ユーザー企業の担当者だけで

はなく、システムを開発するエンジニアも同じだ」ということだ。

このようにレガシーシステムは、金と人材、業務領域、思考という3つのロックインを引き起こしている。整理すると、次のようになる。

- 経営視点では、改修を続けるにせよ、たまに改修するにせよ、金と時間がかかる
- ユーザー部門視点では、再構築するにせよ、全体的な見直しは困難
- IT部門視点では、最新の技術要素を利用しようにも、思考を変えなければ宝の持ち腐れ

では、どうすべきか。

■ ITロックインから、ITエンパワーへ

実は、ITロックインを解決する方法は、この四半世紀で急激に進化している。目指すべきは下記の状況だ。

- 現状のシステムに金がかからないようにする
- 低コストに全体最適を図りながら再構築する
- 経験しながら新しい思考を理解していく

とりわけこれらの取り組みを推進してきたのがウェブ企業だ。ウェブ企業といえば、常に最先端の技術に取り組んでいるイメージがあるが、その裏ではレガシー化と闘ってきた。GAFAM(米Google、米Amazon.com、米Facebook(現Meta)、米Apple、米Microsoft)だけでなく、有名なウェブ企業の多くは日本の多くの企業よりも巨大なIT群を運用している。もちろん、1990年代に作られたような裏側で業務を支えるシステムも存在し、レガシー化

も発生していただろう。こうした問題に対応するために取り組んだのが前述のような技術群だ。

　今やすっかり一般的となったオンラインストリーミングサービスの米Netflixは、2000年代からマイクロサービスに先端的に取り組んだ企業として有名だ。同社が2016年2月に公開したブログ「Netflixのクラウド移行が完了」では、7年間をかけてクラウド移行が完了したことを報告している。

> 参考情報：Netflixのブログ「Netflixのクラウド移行が完了」
> https://about.netflix.com/ja/news/completing-the-netflix-cloud-migration

　Netflixは2008年8月に発生したデータベース障害をきっかけにクラウド移行を開始した。そして、2016年1月、最後に移行したのが重要な業務システム「課金インフラや顧客と従業員のデータ管理」であった。

　同社のサービスは2007年から2015年にかけてユーザー数が8倍に、視聴時間は1000倍になった。そうした急激な成長の中では、ストリーミングサービス自体の性能だけでなく基幹システムである「課金インフラや顧客のデータ管理」には、何度も改修が発生していたはずだ。つまり同社は7年間もの間、業務システムのレガシー化と闘いながら維持保守しながら改修を続け、最終的には適切なタイミングで移行を完了させたのだ。

　この7年間という期間について同社は「クラウドネイティブなアプローチ」が重要であったことに言及している。クラウドネイティブの「ネイティブ」という言葉は「その環境で生まれた」という意味を持つ。クラウドネイティブというのは「クラウドを前提とした」「クラウドに最適化した」を意味する言葉だ。

　クラウド化する最も簡単なアプローチは、「クラウドリフト」と呼ばれる手法だ。システム構造を作り変えることなく、単純にクラウド基盤にシステムを持ち上げる（リフト）ことである。

　これに対してNetflixは「クラウドシフト」と呼ばれる手法を取った。これはシステム構造をクラウド技術に最適化した形に作り変えながら段階

的に機能を移行していくものだ。つまり、Netflixが最後に行った作業は、既存の基幹システムをクラウドに移設したのではなく、クラウドネイティブな形に全機能を移管したうえで、既存の基幹システムの電源を落とすというものだった。

なぜこの方法を取ったのか。それはこの方法こそが「低コストに全体最適を図りながら再構築」を実現するものだったからにほかならない。そして、この過程においては「新たに多くのスキルを習得する必要」があり「Netflixがクラウドネイティブな企業になるには時間と努力が必要」だったと述べている。時間をかけてパラダイムシフトを実現したのだ。

Netflixがやってきたことは日本企業にもできるだろうか。残念ながら、Netflixにいるようなエンジニアをそろえることも、このような長期間の取り組みを経営層が理解することも簡単ではない。

しかし不可能ではない。万有引力の法則で知られるアイザック・ニュートンは、ライバル関係にもあったロバート・フックに当てた書簡に「もし私が遠くを見ることができたとすれば、それは巨人たちの肩の上に乗っていたからです」と書いた。ニュートンは自身の理論に対して批判的であったフックに対して、自身の研究成果を誇りながらも、フックをはじめとする先行研究の成果がなければ、たどり着けなかったことを伝えている。

ITでも同じことだ。後発で取り組むことにより「巨人の肩」に乗れる。例えばNetflixはNetflix Open Sourceという取り組みで、クラウドネイティブ化において必要だったさまざまなツール群をオープンソースとして公開している。同じようにGoogleであればKubernetes、ユーザー企業であれば米Goldman Sachsなども積極的にオープンソースを公開していることで知られる。

もしオープンソースの利用が大変ならば、Amazon Web Services(AWS)、Microsoft Azure、Google Cloudといったクラウドサービスを利用すればいい。同様の機能を持つサービスをクラウドベンダーが提供している。オープンソースに通じたエンジニアを雇う費用を考えれば、微々たる金額で利

用できるだろう。

　ただし重要なことがある。Netflixがやったようにクラウドネイティブなアプローチがどういったものなのかを理解し、そういった最新のサービスを使いこなす必要がある。構造もプロセスも変えないまま、単純にクラウドリフトするのは簡単だ。企業がレガシーシステムの問題を解決し、DXが可能なシステムに変革していくために必要なのは、レガシーシステムを動かしながら、少しずつ構造やプロセスを段階的に変えることを通じて、組織も、人も、システムも、クラウドシフトを実現することなのだ。

　こういった理解なく、ただツールを導入しても、ITロックインから逃れられない。前述の通り、新たなITロックインを増やすだけだ。

　では、どこまでを理解しておけばいいのか。まさに本書は、そのガイドラインとなるよう執筆した。本書の目的は、ITロックインを解決する戦略を立案するに当たり理解しておくべき内容を伝えることにある。

　ただし、理解すべき要素は少なくない。何しろ、この四半世紀にわたる取り組みなのだ。そして、単純に用語を知っていればいいだけでなく、その技術がなぜ生まれ、どう活用され、逆にどのような問題があるのかを腹落ちするまで深く理解する必要がある。

　そこで、四半世紀に起きたことを時系列に従ってストーリーとして説明する。認知心理学の研究によると、人間の記憶は時間的な文脈で保存する傾向があるそうだ。それぞれの事象同士の因果関係が明確になることで、記録や理解が促進される。

　幸い、技術の進化というのは課題解決の連続だ。何らかの課題があるところに、それを解決するための技術が登場する。ところが、その技術も万能ではなく別の課題が生じる。すると、また新しい技術が生まれてくる。

　この四半世紀も同じような課題と解決の繰り返しが起きている。続く第2部では、アジャイルに始まり、クラウド、DevOps、マイクロサービス、クラウドネイティブの発展、プラットフォームエンジニアリングという流れで、各技術の意味と意義を説明していく。

第 2 部

ITロックインを
解き放つ技術群

イントロダクション

第2部の長いストーリーを始める前に、概略を示しておきたい。以下は2000年代に入ってから四半世紀にわたり、重要な技術が広まったおおよその年を記した年表だ。

2001年…アジャイル
2006年…クラウド
2009年…DevOps
2014年…マイクロサービス
2017年…クラウドネイティブの発展
2021年…プラットフォームエンジニアリング

第2部の各章がこれらの各技術とどう関わっているのかを示す。ここで理解しておくべきなのが、システムの開発・運用プロセスだ。一般に下記の3つのプロセスを経る。

- **企画**：どのようなシステムを提供すれば価値があるかを企画する
- **開発**：企画したシステムを開発しリリースする
- **運用**：リリースしたシステムを運用しユーザーに安定的に提供する

このプロセスの「リードタイム」と「リリースサイクル」を意識する必要がある。リードタイムは1回の実行にかかる時間だ。何らかのきっかけで企画を始めて、必要な機能を開発し、運用を開始して、ユーザーに提供するまでの期間を表す。もう1つのリリースサイクルとは、機能追加や改修などをした新しいシステムを1年間に何回リリースするかを意味する。毎週リリースするなら年に約50回、毎月リリースなら12回、四半期リリースなら4回のリリースを行うことになる。

いわゆるレガシーシステムにおいて、業務プロセスの変更を伴うような新機能開発のリリース回数は年に1〜2回程度だ。情報処理推進機構（IPA）

が提供する「ソフトウェア開発分析データ集2022」によれば、2020年度におけるシステム改良開発でのプロジェクト全体の工期は、平均値で11.5カ月であり、中央値は10.1カ月だ。

　DXを推進するには、このサイクルをもっと短い時間軸で回す必要がある。新機能開発であれば年4回以上、小さな改善であれば年数十回はリリースする必要がある。

> 参考情報：IPAの「ソフトウェア開発分析データ集2022」
> https://www.ipa.go.jp/digital/software-survey/metrics/metrics2022.html

　ではどうすれば、このサイクルを早くできるのだろうか。これこそが、先ほど紹介した四半世紀にわたる技術の進化によって達成されてきたことなのだ。

アジャイル

　まず改善されたのが、企画から開発をつなぐ部分だ。アジャイルは、2001年の「アジャイルソフトウェア開発宣言」によって広まった。当時は、いわゆる「ウオーターフォール」と呼ばれる重厚長大なマネジメント手法が主流であり、これではビジネス環境の変化に対応できないという危機感から生み出された。短く、定期的なサイクルで計画と実行を繰り返すことにより、柔軟なマネジメントを可能にした。

　しかし第1部に示したように、レガシーシステムがアジャイルの普及を妨げることになる。チームがアジャイルに取り組んだとしても、システム全体がブラックボックスになっているとアジャイルは正しく機能しない。

クラウドとDevOps

　次に改善されたのが開発と運用をつなぐ部分だ。2006年、当時Googleの CEO（最高経営責任者）であったエリック・シュミット氏の「すべてのコンピューティングパワーは雲（クラウド）の向こう側にあればいい」という

発言から広まった。いつでも好きなときに好きなだけ従量課金制でコンピューティングパワーを使える。

一方、2009年にDevopsdaysが開催された。きっかけは前年に行われた写真共有サービスFlickrの講演で使われた「Dev ♥ Ops」というスライドだ。仮想化技術によって、システムを構成するハードウエアの要素がソフトウエアで制御できるようになった。結果として、システムの初期構築だけでなく、機能拡張、運用保守などさまざまな面で自動化が推進された。

マイクロサービス

企画から開発、そして運用までの流れが改善されたことで、それを前提としたシステム構成が広まってくる。2014年に「Microservices」というブログが公開され、大きなムーブメントが起きた。その名の通り、巨大なシステムを、複数の小さなサービスに分割して構築するための手法だ。

当然、管理すべきサーバー台数が一気に増えるが、DevOpsのように運用を自動化する取り組みをしていけば低コストに運用できる。マイクロサービスは、それぞれのサービスが独立して稼働するように設計されており、これがレガシーシステムの問題であった影響調査、リグレッションテスト、リリース調整の手間を極小化することに成功した。巨大企業においても、アジャイルが機能するようになった。

クラウドネイティブの発展

マイクロサービスが広がり、それを実現するためのノウハウがオープンソースとして公開され始める。2017年、Googleはシステム運用を自動化するための管理ツールKubernetesをオープンソースとして公開し、その管理を行う団体としてCloud Native Computing Foundation（CNCF）を設立した。マイクロサービス化による大量のアプリケーションをいかに統合して管理するか、という目的でさまざまなプロダクトが開発されている。クラウドサービスベンダーも、マイクロサービスを前提としたさまざまな

サービスを提供するようになっていく。特にサーバーレスと呼ばれる分野は、自動化を大きく進めるものとして注目されている。

プラットフォームエンジニアリング

そして、クラウドネイティブへの取り組みは技術論だけではなく、組織や人材育成まで含めた取り組みとして整理されていく。2021年ごろからプラットフォームエンジニアリングという言葉が注目されるようになってきた。さまざまなツールやサービスによってクラウドネイティブの実現が容易になったが、容易であるがゆえに、チームごとに独自の仕組みになってしまい、企業として見たときには管理コストが上がってくるようになった。そこで企業単位でプラットフォームを構築し、そのうえですべてのシステムを管理するといった取り組みが開始されてきた。現代的な標準化の始まりである。

■■■ 歴史から学ぶ

これが四半世紀の間に起きた技術とマネジメントが進化してきた歴史だ。これらの取り組みを経て、開発プロセスにおけるリードタイムとリリースサイクルを短くできる。

第1部で述べたように、これらの知識こそが先人たちが積み上げてきた「巨人」である。その肩に乗るには、まず巨人の仕組みを理解しておく必要がある。

そこでこの第2部では、各章を時系列に従って記載する。順に読むことによって理解が深まるようにしている。繰り返しになるが、技術の進歩は課題の発生と解決の繰り返しだ。全体のつながりを理解することで、それぞれの技術の課題点も深く理解できる。

各章は前半と後半で構成した。前半は、その技術の生まれた背景や、どういった考え方をしているのかについて可能な限り平易に説明する。後半

は、その技術に具体的に取り組むに当たって理解しておくべき要素を説明する。前半については、開発チームに依頼する立場で、IT企画や機能要件定義を行う立場の人を対象にしている。後半は、開発チームのマネジメントや技術的方針に携わる人がさらに深く理解しておくべきことを記述した。

　どの章においてもエンタープライズでの活用で課題になる点について明記している。こうした技術を先導したのはウェブ企業であり、日本のエンタープライズ企業とは文化もIT産業としての構造も異なる。その技術を単純に企業内に持ち込むだけではうまくいかない。ITロックインが、新しい技術や手法の活用を防げてしまうからだ。筆者はこうしたシーンに何度も遭遇している。

　そこで、どういった捉え方をすればエンタープライズにおいてその技術を使いこなせるか、あるいは使いこなすには何を変えるべきかについても記載した。

　それでは、第2章から四半世紀にわたる課題と解決の旅を始めよう。

第 2 章

アジャイル

2-1

ビジネスと開発をつなぐ

　アジャイルは、2001年に公開された「アジャイルソフトウェア開発宣言」によって広く知られるようになった。特に有名なのは次の部分だろう（「Manifesto for Agile Software Development」（https://agilemanifesto.org/iso/ja/manifesto.html）の日本語ページより引用）。

　　　　　プロセスやツールよりも個人と対話を、
　　　　包括的なドキュメントよりも動くソフトウェアを、
　　　　　契約交渉よりも顧客との協調を、
　　　　　計画に従うことよりも変化への対応を、
　　　価値とする。すなわち、左記のことがらに価値があることを
　　　認めながらも、私たちは右記のことがらにより価値をおく。

　アジャイルを勉強した人なら「左も重要だが、右が超重要になった」「変化を受け入れるアジャイルマインドが大事だ」といった説明をよく聞くだろう。アジャイルの推進においてマインドセットは重要な要素ではあるが、その本質をマインドだとすることには違和感を覚えている。そもそもアジャイルは、変化に対応するための実に合理的なマネジメント手法なのだ。ここではマネジメント手法としてのアジャイルについて理解を深めていきたい。

アジャイルが提唱された背景

　なぜ、このような宣言までして、新たなマネジメント手法を提唱する必要があったのだろうか。その時代背景を考えてみよう。1990年代後期から2000年代初期にかけ、米国を中心に「インターネットバブル」（通称ドットコムバブル）」に沸いた。きっかけはその名の通り1990年代後期からのインターネットの普及であり、それを土台としたEC（電子商取引）や検索サービスの興隆だった。

　こうしたサービス向けシステムは、消費者や取引先など社外のユーザーを対象として構築された。当然ながら、公開されているサービスであるため、比較検討も容易であり、競合他社の真似をしたり、真似されたりといったことが頻発する。また、新しいビジネスモデルの登場に合わせ、社内の業務システムも変更が必要になり、場合によっては新規構築や再構築も含めて、さまざまなシステム開発が増えていった。

　こうしたシステムは、外部環境の変化に大きく、そして急激に影響を受ける。システムを使うのは消費者や取引先であり「システムも修正に時間がかかる」という状況は競合他社に顧客を明け渡すのと同じ意味を持つ。もちろん、社内の業務システムであっても、新たなビジネスモデルに対応した業務への後れを取れば、大きな問題となる。

　このような状況は現代でも同じだろう。それを表す言葉が変わったに過ぎない。代表的なのがVUCA（ブーカ）だろう。VUCAは、Volatility（変動性）、Uncertainty（不確実性）、Complexity（複雑性）、Ambiguity（曖昧性）の頭文字を並べたアクロニム（頭字語）だ。1990年代後半に米国で軍事用語として生まれたが、2010年代後半になってビジネスの業界でも使われるようになっている。アジャイルの背景となっているビジネス環境の変化速度は、現在むしろ加速している状況にある。

スクラムの仕組み

　不確実な状況では、どのようなマネジメントが必要になるだろうか。ここではアジャイルの代表的な手法の1つである「スクラム」の紹介を通じて、理解を深めていく。

　スクラムは1990年代の初頭にケン・シュエイバー氏とジェフ・サザーランド氏が開発したソフトウエア開発手法だ。2人は前出のアジャイルソフトウエア開発宣言に関わっており、スクラムはアジャイルを代表する手法といえる。

　スクラムはラグビー用語に影響を受けており、名付け親は経営学者である野中郁次郎氏と竹内弘高氏である。2人は1986年にハーバード・ビジネス・レビューに発表された研究論文「The New New Product Development Game」において、柔軟で自由度の高い日本型の新製品開発プロセスを「スクラム」と表現した。そして「ラグビーアプローチ」と呼ばれる考え方を提案している。

　ラグビーというスポーツでは、ボールを前進させるためにチーム全員が連携してプレーする。それぞれの役割はあるものの、状況に応じて柔軟に対応していく。同じように新製品の開発においても、チームが一丸となって進めるべきだとされている。この論文から着想を得たシュエイバー氏とサザーランド氏が、ソフトウエア開発手法として発展させ、スクラムとして完成させた。

　Digital.aiのアジャイルに関する世界的な調査レポート「15th State of Agile Report」によると、グローバルではアジャイルに取り組む企業の81%がスクラムもしくはスクラムに準ずるフレームワークを取り入れている。

　スクラムの魅力は以下の点にある。

- アジャイルを実践するためのプロセスと役割が明確かつシンプルに定義されており、理解しやすい
- 小規模から大規模開発まで、同じような概念で扱える
- ビジネスと開発の両者が明確に登場する

　スクラムは「スクラムガイド」という18ページの資料で定義されている。この資料は無料で2010年から公開されており、定期的に更新されている。執筆時点の最新版は2020年公開だ。

電車で理解するスクラム

　スクラムガイドはスクラムを以下のように定義している。

　　簡単に言えば、スクラムとは次の環境を促進するためにスクラムマスターを必要とするものである。
　1. プロダクトオーナーは、複雑な問題に対応するための作業をプロダクトバックログに並べる。
　2. スクラムチームは、スプリントで選択した作業を価値のインクリメントに変える。
　3. スクラムチームとステークホルダーは、結果を検査して、次のスプリントに向けて調整する。
　4. *繰り返す。*

　ここに書かれているように、スクラムはシンプルな繰り返しの仕組みだ。ただスクラムには聞き慣れない多数の専門用語があり、スクラムガイドだけでは理解しにくいので、スクラムを電車にたとえて説明したい。なお、これはあくまでもたとえ話なので、正確な内容はスクラムガイドを参考にしていただきたい。
　イベント会場や遊園地にある子供向けの電車を想像してもらいたい。線

路が楕円の環状線になっており、プラットホーム（以下、ホーム）から出発した電車は線路を1周して帰ってくる。この電車は、以下のように運行されている。

- 電車はホームから定期的に出発し、定員がある
- ホームに着いた電車に対して、ホームに並んでいる子供たちは順番に乗車していく。定員に達したら電車は出発する
- （現実ではあり得ないが）電車が走っている間、駅長はホームにいる子供の並び順を好きに替えていい
- そのうちに戻ってきた電車から子供を降ろし、その時点の並び順で定員まで乗せて出発する
- これをひたすら繰り返す

これがスクラムの仕組みだ。順を追って説明しよう。
まず電車の運転士は開発者たちだ。電車に乗る子供は開発対象の課題であり、1周する間に、動作するソフトウエアとして完成させる。1周するた

めの期間を「スプリント」と呼ぶ。電車の定員はスプリント単位の生産量を意味する。

　ホームの駅長はプロダクト（開発するシステムのこと）の責任者であり「プロダクトオーナー」と呼ぶ。何らかの優先順位に従い、次に誰を乗せるべきかを判断し、子供たちを並べる。行列は「開発すべき対象の一覧」であり、開発したい優先順位に従って並んでいる。これを「プロダクトバックログ」と呼ぶ。

　電車が来ると、ホームで子供が定員に達するまで電車に乗せる。この行為が「スプリントプランニング」というイベントで、開発に入ることを意味する。ホームから電車内への移動が、プロダクトバックログからスプリントバックログへの移動である。スプリントバックログには、そのスプリントで開発する分だけを記載する。

　電車が出発すると、開発者は電車に乗った子供を無事に送り届けるために作業を開始する。一方、ホームでは次の電車に向けて子供の並び順を考え直す。そして、電車が戻ってきて、降りてきた子供を確認し、また新たにその時点の優先順位に従って子供を乗せていく。

　運行管理者がこれら全体の流れが問題なく進んでいるかどうかを監視し、何かあれば問題解決が求められる。例えば、ホームで駅長が乗客の整列に困っていれば助けるし、線路や電車に問題があれば、すぐに駆けつけて解決を支援する。この役割を担う人を「スクラムマスター」と呼ぶ。

　子供たちを送り出した親は、事業部門などのステークホルダー（利害関係者）であり、プロダクトオーナーに対して何らかの要望を提示する。駅長は改札で親から子供たちを預かると、電車に乗れるかどうかを確認する。仮に電車に乗れない、つまり開発に着手できないような曖昧な要件であれば、ステークホルダーと会話して明確にする必要がある。

　想像できただろうか。電車は常に動き続けており、定期的に子供たちを乗せる。一方で、駅のホームでは駅長が子供たちを常に並び替え、電車が来たら定員まで乗せる。非常にシンプルな仕組みだ。

■ 図表2-1　子供向け電車で例えたスクラム用語の説明

スクラムの用語	子供向け電車での例え
スクラムマスター	電車の運行を管理する人
プロダクトオーナー	駅長
プロダクトバックログ	ホームで待っている子供
スクラムチーム	電車の運行に関わるすべての人
スプリント	電車の1周の期間
スプリントバックログ	電車に乗った子供
インクリメント	電車から降りる子供＝成果物
ステークホルダー	子供の親
スプリントプランニング	電車に乗るイベント
デイリースクラム	日々、電車の運行状況を確認するイベント
スプリントレビュー	戻ってきた乗客の確認をするイベント
スプリントレトロスペクティブ	ホーム上で振り返りを行うイベント

　この仕組みが優れているのは、「出発した電車はホームを気にしない」ことだ。運転士は、その電車に乗った子供を無事に送り届けることに集中しているため、出発したホーム上に子供が追加されたり、並び替えられたりしても気にしない。1周して戻ってきたら、またそこにいる子供を定員になるまで乗せるだけだ。

　これによって「電車の中の子供」＝「今、やるべきこと」と「ホームで待っている子供」＝「次にやりたいこと」を明確に分離する。いくら駅長が「次にやりたいこと」を変更しても、「今、やるべきこと」に一切の影響を与えない。この仕組みによってアジャイルは「安全に変更を取り込む」ことができる。

電車を安全に運行する

　では、電車を安全に運行するには何が重要だろうか？

　最も重要なのは、乗客が乗りたい時刻に間に合うようホームに到着することだ。電車は発車時刻と到着時刻が決まっている。開発が完了するタイ

ミングから逆算して、その開発がスタートするための要件を提示しなくてはならない。この責任が、子供の側、つまり親にもあることだ。

さらに電車に乗る準備を整えるには、開発できるよう案件を明確にする必要がある。曖昧な案件であれば、正しく見積もれない。アジャイルは短期間での開発を前提にしており、見積もりのバッファーを許容しない。定員ギリギリまで子供を乗せるので、曖昧さがあれば電車を正しく運行できなくなってしまう。もちろん、電車の出発時刻に間に合わず動き出した後で子供を乗せてはいけないし、逆に動いている電車から子供を降ろしてもいけない。

このようにスクラムという仕組みは、常に安定したリズムの中で動き続けることが求められる。そのため、そこに曖昧な要素を持ち込むと簡単に破綻してしまう。この親の責任を問う、つまり案件を出したビジネス部門側に対して、開発リズムを事前に理解してもらい、これを尊重してもらうことがスクラムにおける最大のポイントと言ってよいだろう。

このたとえ話は、社内での会話にも使いやすい。例えば声の大きい親が、無理矢理列に自分の子供を割り込ませることはないだろうか。その子供が乗車できるだけの準備を十分に整えていれば対応しようもあるが、そういう子供に限って準備ができていないものだ。

こうした場合に、丁重に乗車を断るのが、スクラムを安定して回すうえで非常に重要である。対応としては「次の出発に出直してきてください」というのがよい。スクラムの場合、次の出発時刻が決まっているため、それまでに出直してもらえばよい。優先度が高いのと、開発準備が整っているのは別のことだ。このように「今はダメだが、次ならよい」という選択肢を提示できることも、スクラムの仕組みの優れた点である。

子供の並び順に文句を言ってくる親もいるだろう。この場合は、その並び順が決定するに至った理由を明確に説明すればいい。スクラムでは、その時点での優先順位によって並び順が決定する。基本的にはプロダクトにとって必要性の高い順になっているはずだ。もしこの並び順に疑問がある

なら、そのリストを見せて、子供一人ひとりの親の名前と、その優先順位になった理由を示せばよい。もし親が並び順を替えたいのであれば、別の親と直接話して順番変更の合意を取ってもらうことを提案する。

　これはスクラムが、すべての案件の実行タイミングを合わせているからこそできることだ。開発期間と工数を先に確定させているため、ある時点での優先順位が明確になる。次の開発開始までに確定すればよいのだから、それについては事業部門内の話し合いなども含めて、きちんと納得してもらう必要がある。

　このようなケースで、電車の定員数増を要求されることがあるかもしれない。基本的には定員を増やさず、次の電車にしてもらうのが正しい対応だ。スクラムの場合、一度つくったチームに対するメンバーの入れ替えや追加・削減は慎重に行わなくてはならない。不可能ではないが、その時点でコミュニケーションのオーバーヘッドが生じて、生産性に影響が出ることを理解する必要がある。そのうえで、緩やかなリソースの追加や削減を実施するのは可能だろう。

　このようにスクラムは、先に開発スケジュールを定めておいて、あとはその時点で「何をやるのか」だけを判断することでアジリティー（変化対応の迅速さ）を確保しているのだ。

電車のメリット

　この「優先順位の変更」が可能になることで生じるメリットは幾つかある。ここでは3つ取り上げる。

　1つめは価値にフォーカスしやすい点だ。従来のウオーターフォールのプロセスでは、最初にすべての見積もりを完了する必要がある。そのため、ビジネス上の目的をどのように達成するかという手段を機能として定義する。そして、その手段を達成することを目的にプロジェクトを遂行する。ウオーターフォールは手段を目的化しやすい仕組みだといえる。

　アジャイルは、この点について「価値」という概念を利用する。価値は

手段を目的化しないためのテクニックである。例えば年間で12億円の売り上げが目的だったとしよう。最初に立てた計画に従い施策を実行したとして、最初の1カ月で5000万円しか達成していなければ、今後に向けて大急ぎで違う施策を練らないといけない。

ところがウオーターフォールだと最初に決めた施策を1年間かけて実行してしまう。目的がビジネス上の価値ではなく「施策を実行する」という手段になっているからだ。

2つめは、無駄な機能を作らない点だ。ウオーターフォール型で不確実な状況にあると、「作るかどうか曖昧だが、可能性がある機能」を要件に入れざるを得ない。もし作らないことにしておいて、いざ必要になっても、開発できるのはすべて機能の開発が完了した後になる。実質、いつできるか分からない。そのため、どうしても不要な機能が増えやすい。

アジャイルは定期的に同じリズムを刻むことで「いつ開発するか」ということに選択肢がある。時間がなくて次の電車に間に合わないのなら、その次の電車に乗せるように準備すればいい。このマネジメント上の余裕は、無理な押し込みを避ける効果がある。アジャイルであれば「作るかどうか曖昧だが、可能性がある機能」は、本当に必要になったタイミングで開発すればいい。

3つめは、ビジネス側にとって透明性が高いことだ。ウオーターフォールでは、要件定義が終われば、しばらくビジネス側は質問されたら答える程度で、積極的にできることはなくなる。どのような機能が、どんな順番に作られてくるかも知らない。アジャイルであれば、開発側が今何をしているのか（電車に誰が乗っているか）は明確だし、次に何をすべきか（ホームの乗客の並び順）は自分たちで決めればいい。

ウオーターフォールはタクシー

ウオーターフォールはタクシーに似ている。一見するとタクシーは融通が利いて柔軟性が高いように感じがちだ。しかし実際には、団体で移動す

るケースを想定すると、さまざまな状況の変化に対して、到着時刻や料金が安定しにくい。

　理由の1つは、ときに調達が難しいことにある。雨の日、タクシーが捕まらなかった経験のある人は多いだろう。しかも乗客が数人増えるだけで、タクシーの台数を追加する必要が生じて、出発が遅れてしまう。

　運転手の能力に依存しやすいのも、不安定さの要因になる。カーナビ搭載のタクシーが増えたが、どのルートを選ぶかで、到着時刻や料金が変わるものだ。しかも、たとえ運転手が十分な能力を持っていたとしても、渋滞に巻き込まれると、とたんにいつ到着するか分からなくなる。

　途中で行き先を変更するのも簡単ではないことがある。タクシーは、最初に決めた場所へ向かうのに最適なルートを取る。そのため例えば都心から高速道路で成田空港に向かっている途中、目的地を羽田空港に変更したとき、方向を変えて新しい目的に向かって走り始めるまでに時間を要する。何台かのタクシーに分乗して移動している状況では、さらに難しくなる。

　これはウオーターフォールに似ている。最初にすべての乗客（機能）を明確にしたうえで、その乗客を運ぶのに必要なタクシー（開発チーム）を調達し、目的地までのルートとスケジュールをすべて決めてしまう。そして乗車（開発）中は、予定したスケジュール通りに道のりを進んでいるかどうかを確認していく。

電車とタクシーはどちらが変化に対応しやすいか

　電車とタクシーの違いを整理しよう。タクシーは確かに便利で、いつでも出発し、好きなところに行ってくれる。ただし最初に行き先と人数を確定する必要がある。タクシーを調達するのに時間もしくはお金がかかる。運転手の能力や道路事情などの要因によって、到着時刻が変わりやすい。そして出発したら、行き先を変更しにくい。

　電車は出発時刻の融通が利かないし、行き先が固定されている。しかし

出発と到着の時刻は明確である。誰が乗車するかは出発直前まで変更できる。次の電車が来るまでホームに誰がいてもよい。

「変化に対応できるマネジメント」とは「最も効率的に開発できること」ではない。重要なのは「開発に影響を与えずに、安全に変化を取り込めること」だ。それには安定した土台が必要になる。電車には時刻表があり、安定して運行されているからこそ、乗客は「出発時刻を選べる」という選択肢がある。これこそが、変化に対応するということだ。

■■■ ビジネスのためのアジャイル

ここまでスクラムは電車である、と説明してきた。「今やるべきこと」と「これからやるべきこと」を分離しており、その時点での優先順位に応じて「これからやるべきこと」を開発に影響を与えず安全に変更できる。

では、スクラムに対する実際の評価はどうなっているのだろうか。Digital.aiのアジャイルに関する世界的な調査レポート「15th State of Agile Report」では、アジャイルの導入メリットについて**図表2-2**のようなアンケート結果が出ている。

■ 図表2-2　アジャイル導入の効果

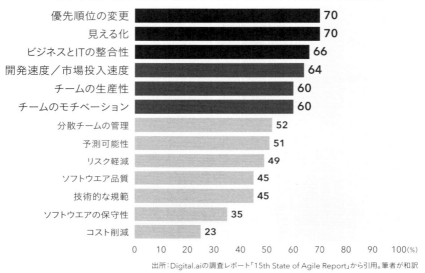

出所：Digital.aiの調査レポート「15th State of Agile Report」から引用。筆者が和訳

　この中で「アジャイルの導入によって、社内のどのような各領域にプラスの影響を与えたか？」という質問に対する上位の回答は以下の3点だ。

- 優先順位の変更
- 見える化
- ビジネスとITの整合性

　これらは次のことを示しているといえる。チームが今何をしているのかを見える化したうえで、ビジネス環境の変化に対応して、これからやることの優先順位を変更できるようになり、ビジネスとITの整合性が取れるようになった――。
　アジャイルをシステム開発の手法として捉えると、4位以下に続く項目

のほうが重要に感じがちだ。

- 開発速度／市場投入速度
- チームの生産性
- チームのモチベーション

確かにこれらの要素は重要だが、それよりもビジネス環境の変化に対応し、より高い価値のシステムを実現することのほうが重要だろう。

▬ 誰がプロダクトオーナーになるべきか

スクラムに取り組むうえで、誰がプロダクトオーナーを務めるべきかが問題になる。スクラムガイドはプロダクトオーナーを下記のように定義している。

> プロダクトオーナーは、スクラムチームから生み出されるプロダクトの価値を最大化することの結果に責任を持つ。

これと同じ段落に以下のような記述がある。

> プロダクトオーナーをうまく機能させるには、組織全体でプロダクトオーナーの決定を尊重しなければならない。
> プロダクトオーナーは1人の人間であり、委員会ではない

つまりプロダクトオーナーが「これが優先だ」と決めたら、それを組織全体が尊重し、それに合わせるべきだ、ということである。しかし多くの企業において、そのような組織全体が尊重できるような決定を下せるプロダクトオーナーがいるだろうか？

ベンチャー企業の社長なら可能かもしれない。大企業におけるプロダクトオーナーの理想像はAppleの共同創業者スティーブ・ジョブズ氏や米Teslaや米SpaceXのCEOであるイーロン・マスク氏であろう。両者は明確なビジョンを持ち、技術的な能力もあり、社内では絶対的な権限を有する。ともに暴君としても知られるが、プロダクトオーナーとして理想的だ。

　しかし大半のプロダクト開発において、そんな人物が存在するのはまれである。日本の大企業であれば、なおさらだ。そのため、現実的な仕組みを検討する必要がある。

日本的な意思決定モデルの特性

　よく知られているように、日米では会社経営における意思決定モデルが大きく違う。エズラ・F・ヴォーゲル氏が1979年に著した書籍『Japan as Number One: Lessons for America』（邦訳『ジャパンアズナンバーワン：アメリカへの教訓』）は、戦後、日本経済が成功した理由の1つとして、米国のトップダウン型の意思決定と異なる日本のコンセンス（合意形成）型意思決定の特徴と優位性を評価した。

- 関係者全員が意思決定に関わることで、決定後の実行段階で抵抗が少なく、スピードが早く、効果的になる
- 対立や不満が抑えられ、長期的に安定した組織運営が可能になる
- 現場の声が反映されるため、実際の課題や状況に即した実効性のある決定ができる

　一方で、以下のような課題にも言及している。

- 意思決定までに時間がかかるため、競争が激しい環境では迅速に対応することが難しい

- 全員参加になると責任が分散されるため、失敗した場合の責任の所在が不明瞭になる
- 現状維持や保守的な決定が優先され、革新的なアイデアが採用されにくい

　これらの特性については、現在においても日本企業における優位点であり、逆に課題点にもなっている。

日本的なプロダクトオーナーの役割

　このような意思決定モデルの違いを基に、日本の企業におけるプロダクトオーナーの役割を示したのが**図表2-3**だ。

■ 図表2-3　プロダクトオーナーの役割

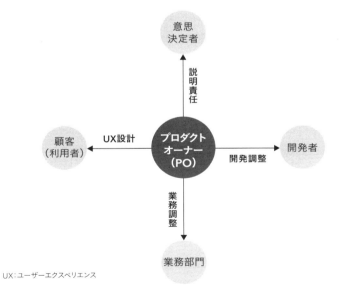

UX：ユーザーエクスペリエンス

中心にプロダクトオーナーを置いた。まず、横に顧客（利用者）と開発者をつなぐのが、一般的にイメージされるプロダクトオーナーの仕事だ。これを横の調整と呼ぶ。プロダクトのユーザーである顧客からのフィードバックを基に、開発者と調整してプロダクトの価値を最大化する。

　プロダクトオーナーの仕事は、これだけではない。企業においてはむしろ、縦の意思決定者や業務部門との調整も重要だ。これを縦の合意形成という。意思決定者との調整とは、稟議の提出、経営会議での承認など、予算執行に関わる意思決定プロセスを回すことだ。一方で、業務とは、そのプロダクトに関わるさまざまな業務部門との調整を意味する。新しいサービスの立ち上げのために業務を変更したり追加したりする場合などは分かりやすいだろう。

　スクラムは、主に横の調整に注目したフレームワークだ。縦の合意形成に当たるようなステークホルダーとのやり取りについては、スクラムのイベントを通じてコミュニケーションを取ることしか記載されていない。

　しかし大企業では縦の合意形成こそが重要だろう。そこで行われる「組織的決定」がなければ、優先順位を決定できない。

　ところが、これがスクラムのリズムを削ぐことになる。ある部署とは合意して進めているのに、他の部署に話をしたら変更されてしまうような「くつがえし」、意思決定者に承認を取ろうとしたら数週間先まで会議がないといった「遅延」があると、スクラムのリズムは壊れてしまう。

　では、日本企業でスクラムは機能しないのだろうか？

日本的なプロダクトオーナーのあり方

　筆者は日本企業でアジャイルやスクラムの導入をしてきた経験から、プロダクトオーナーには「組織の意思決定を推進する」という側面がより強く求められると考えている。

　日本におけるコンセンサス型意思決定モデルを前提にすると、スクラムガイドに記載されている「優先順位の決定」は組織全体として行われるも

のであり、組織全体がプロダクトの価値を最大化することの結果への責任を共有していると考えられる。つまり、日本企業では「組織自体がプロダクトオーナーである」と言い換えられる。

　スクラムガイドには「プロダクトオーナーは1人の人間であり、委員会ではない」と明記されているため、この考え方はスクラムではない。組織が意思決定をするという考え方は、意思決定のスピードを削ぎ、結果としてアジャイルの最大の目的である変化への対応を難しくしてしまう。

　アジャイルにおける変化の対応を生かしながらも、企業としての強さも生かすには、確かにプロダクトオーナーという1人の人間である必要がある。プロダクトオーナーとして任命された個人は、組織内のさまざまなステークホルダーと合意形成しながら、その過程においては組織の意思決定を推進する役割が求められる。

　では、スクラムにおいて組織の意思決定を推進するプロダクトオーナーは、従来のウオーターフォール開発において任命されてきた実務レベルの責任者と何が違うのだろうか？

　最大の違いは、プロダクトオーナーのゴールが「プロダクトの価値の最大化」であり、ビジネス成果を引き出す点だ。このためプロダクトオーナーは、ビジネス価値を最大化するために、プロダクトに関する優先順位について、常に意思決定をし続ける必要がある。常に組織の意思決定を推進し続けなければならない。

　一方で、従来の責任者はQCD(品質・コスト・納期)を守り、システム開発の成功を目指すことがゴールであった。ここでは、組織が最初に決定した要件通りのシステムを効率よく作ることが重視され、これを実現するために遂行役として働くことが主な役割となる。プロジェクト進行中に組織の意思決定を問い直す必要はなく、すでに決定されたことを着実に実行する立場だ。

　筆者が理解する、日本企業におけるプロダクトオーナーの説明は以下の通りだ。

プロダクトオーナーは、組織全体の意思決定をリードしながら、スクラムチームが生み出すプロダクトの価値を最大化し、その結果に対する責任を組織とともに負う。

　このような形でスクラムをうまく機能させるには、組織全体がスクラムそのものを尊重し、プロダクトオーナーの推進に従い、スクラムチームが望むスピードで意思決定をしなくてはならない。この点については、意思決定プロセスのデザインとして後述する。

■■■ スクラムマスターとは何か

　スクラムマスターは、「スクラムマスターを必要とするのがスクラムである」と記載されるほど重要な役割だ。スクラムガイドには、以下のように記載されている。

　　スクラムマスターは、スクラムガイドで定義されたスクラムを確立させることの結果に責任を持つ。スクラムマスターは、スクラムチームと組織において、スクラムの理論とプラクティスを全員に理解してもらえるよう支援することで、その責任を果たす。
　　スクラムマスターは、スクラムチームの有効性に責任を持つ。スクラムマスターは、スクラムチームがスクラムフレームワーク内でプラクティスを改善できるようにすることで、その責任を果たす。
　　スクラムマスターは、スクラムチームと、より大きな組織に奉仕する真のリーダーである。

　子供向け電車でのたとえでは、「運行管理者」と表現した。本物の鉄道運行でいえば「鉄道運行計画員」や「鉄道運行管理員」と呼ばれている役割だろう。鉄道運行計画員はさまざまな状況を理解しながらダイヤ（運行

44

計画）を作り上げるのが仕事であり、鉄道運行管理員はそのダイヤ通りに運行しているのかを把握し管理する。どちらも電車の運行の仕組みを整備し、きちんと安定して運行することに責任を持つ。

スクラムマスターも、対象のチーム、ステークホルダー、システムなどの様子を理解しながら、スクラムフレームワークの具体的なタイミングや参加者などを整理する。そのうえで、チームがその中でパフォーマンスを発揮し、問題なく機能していることを確認する。もし、そこで何らかの障害があれば、解決策をチーム内外に働きかけていく。

例えばスプリントレビュー(スプリント期間で開発した成果物や進捗を確認するイベント) において、開発したソフトウエアの機能の正しさを判定するために必要なステークホルダーが足りないとすれば、その人が参加するように働きかけることなどが考えられる。

ウオーターフォールのプロジェクトマネジャーは開発対象の開発状況を管理するが、スクラムマスターはスクラムそのものの仕組みが正常に実施されていることを管理する。鉄道運行でも、電車に誰が乗るかは重要ではない。誰もが安全に乗れるように電車を正しく運行することが重要だ。状況によって乗る人が変わったとしても、電車の運行が安定していれば確実な予測のもとに行動計画を立てられる。

サーバントリーダーシップ

ただしスクラムマスターによる働きかけは、トップダウン型ではなくサポート型である。スクラムガイドに「スクラムマスターは、スクラムチームと、より大きな組織に奉仕する真のリーダーである」という記載がある。これは「サーバントリーダーシップ」という言葉から来ている。

サーバントリーダーシップは、米国の思想家ロバート・K・グリーンリーフ氏が提唱した。1970年に発表したエッセイ「サーバントリーダーシップ (The Servant as Leader)」でこの概念を体系化し、リーダーシップの新しいモデルとして広まった。

グリーンリーフ氏はサーバントリーダーシップを構想するのに、1932年にドイツで発表された「東方への旅（The Journey to the East)」という小説に深い感銘を受けたとされている。この小説は、欧州の団体「リーグ」に属する主人公が、他のメンバーとともに東方に向かう神秘的な旅に出る様子を描いている。

　旅の途中、彼らの案内役であるレオという謙虚で信頼できる「召使い」が一行を支える存在として登場する。しかしレオが突然姿を消すと、一行は支えを失ったかのように感じ、旅が進まなくなり、混乱と不安に陥る。この過程が主人公にとって、本当の自分や人生の意義について考えるきっかけとなり、精神的に成長していく。そして最後にレオが再び登場し、彼こそがリーグの本当のリーダーであったことが明かされる。彼は「奉仕するリーダー」として皆を支え、目立たない存在でありながらも旅全体をまとめ上げていたのだった。

　この小説は精神的・哲学的テーマを表現しており、他者の支えがなくなったときにこそ自分自身を見つめ直し成長できる、というメッセージが込められている。

　ここで示されているように、サーバントリーダーシップとは、目立たずとも支え手として重要な存在である。グリーンリーフ氏は、サーバントリーダーは権力を使って他者を指導するのではなく、まずメンバーや組織のニーズに応え、彼ら・彼女らが成長し、能力を最大限に発揮できるよう支援する人であるとしている。

　このようにスクラムマスターは、先頭に立ってチームや組織を引っ張るというよりも、サポート的に振る舞いながら、チームや組織の成長を促し、能力を発揮させていくような存在だといえる。

　ただしその重要な任務は、電車の運行管理者のように組織の中でスクラムが機能するようにすることだ。スクラムが機能すれば、その営みの中で改善を通じてチームや組織が成長していけるはずである。

　そのため企業システムのスクラムでスクラムマスターに求められるの

は、組織の中でスクラムが回る仕組みを作ることだ。これを誰がやるのか
は慎重に検討する必要がある。最も適しているのは、組織の事情に精通し
経験豊富なマネジャーがスクラムの仕組みを理解したうえで、メンバーの
サポート役として関わることだろう。

　このような考え方は、多くの企業におけるラインマネジャーのあり方と
似ているのではないだろうか。昨今、ラインマネジャーにはヒューマンマ
ネジメントが重要視され、実務についての詳しい知識が必ずしも求められ
なくなってきている。

　これは、多くの業務が高度かつ専門的になり、ラインマネジャーがすべ
ての実務を把握するのは困難になってきたことに起因する。そのため専門
分野の実務は各担当者が行い、マネジャーはそれらのメンバーを支援する
役割として位置付けることがある。こうした場合、ラインマネジャーは専
門知識を使ってメンバーを支援するのではなく、メンバーが主体的に動け
るようにして、挑戦を許容することで、チームとして最大限のパフォーマ
ンスを発揮できる環境づくりが求められる。

　こうしたラインマネジャーのあり方は、スクラムマスターに似ている。
スクラムマスターは人事権を持たない代わりに、スクラムというマネジメ
ント手法の専門家として、スクラムを活用しながらチームのパフォーマン
スを最大化するように務めるのだ。

■ レガシーシステムにアジャイルを適用できるか

　アジャイルの適用が困難なものがある。その代表がレガシーシステム
だ。

　アジャイルは、2枚のピザを分けられるような5〜9人程度の小さなチー
ム単位で活動することが前提となる。そのため巨大なシステムを対象とす
る場合、複数のチームが関わることになる。これらのチームの活動に制限
を加えるのが、レガシーシステムによるITロックインだ。

レガシーシステムでは、ある機能を改善するときに「影響調査」「リグレッションテスト（機能改善が別の箇所に悪影響を及ぼしていないかどうかの確認）」「リリース調整」という作業が発生してしまう。レガシーシステムに複数のチームが関係している場合、これらの作業によって他のチームへの問い合わせや確認が生じる。

　これはそれぞれのチームにとって非常に大きな足かせとなる。他チームに依頼した作業が完了する時間を正確に見積もることは困難だ。自分の路線に乗るべき乗客が、関係ない路線に乗ってしまったようなものだ。いつ帰ってくるかは、その路線の乗車状況によるため、簡単には確定できない。結果として、自分の路線の電車に乗せる乗客の優先順位をコントロールできなくなる。

　2001年から広く知れわたったアジャイルではあるが、レガシーシステムにおいて適切にアジャイルを実現することについてはレガシーシステムの構造が大きな壁になる。この問題の解決方法が世の中に知られるのは、2014年のマイクロサービスの登場を待つ必要がある。マイクロサービスは第4章で解説する。

第
2
章

アジャイル

2-2

アジャイルに取り組む

　アジャイルのメリットを理解できたとしても、実際に企業が取り組む際、さまざまな課題が発生する。最も困難なのは、これまでウオーターフォールを利用していた企業において取り組む場合だ。ウオーターフォールを前提としたプロセス、部署間の役割分担、そして文化が存在し、それがアジャイル導入の障壁になる。

　以降では、日本企業がアジャイルに取り組むと発生する課題、その解決方針について説明していく。

■■ ウオーターフォールとアジャイル

　まずはウオーターフォールについて理解しよう。その最大の特徴は「フェーズ」という概念を取り込んでいることだ。1968年に開催された国際会議、NATO Software Engineering Conferenceでは、当時のソフトウエア開発の複雑化によるプロジェクトの遅延や予算超過、品質問題などの発生を「ソフトウエアの危機（software crisis）」と捉え、これを解決するためのさまざまな議論が行われた。

　その1つとして、ソフトウエア開発プロセス全体を明確なステップに分ける「フェーズモデル」が提唱された。「フェーズモデル」では、ソフトウエア開発全体のプロセスをフェーズに分割。フェーズごとに目的と成果物を定義し、次のフェーズへ進む基準を設定する。初期工程となる要件定義フェーズや設計フェーズでは、成果物としてドキュメントを作成し、その確認によって品質をチェックする。これにより製品が出来上がる前から

50

品質チェックが可能になり、マネジメント精度を上げることができた。

　やがて、この手法は同時期に設立された団体Project Management Institute（PMI）がまとめたPMBOK（プロジェクトマネジメント知識体系ガイド／A Guide to the Project Management Body of Knowledge）にも組み込まれ、広く世の中で利用されるようになった。

　PMBOKではプロジェクトマネジメントのプロセスフローとして、以下の5つのプロセス群を定義している。

- **立ち上げ（Initiating）**：プロジェクトやフェーズを正式に開始する
- **計画（Planning）**：プロジェクトの範囲、目標、実行方法を定義し、プロジェクトを成功させるための道筋を立てる
- **実行（Executing）**：計画した内容に基づきプロジェクトの作業を行い、成果物を生成する
- **監視・コントロール（Monitoring and Controlling）**：プロジェクトの進捗やパフォーマンスを測定し、計画とのずれを把握して必要な対策を講じる
- **終結（Closing）**：プロジェクトやフェーズの完了に向けた手続きを行う

　PMBOKでは、最初にスコープを定義し、これを実現するためのスケジュール、人的リソースを「計画」していく。システム開発においては、完成を目指すべきシステムの機能一覧を作成し、これを前提に計画を作り、WBS（Work Breakdown Structure）と呼ぶ、階層構造化したプロジェクト全体の作業リストを使って管理する。プロジェクトが「実行」されると、「監視」を通じて進捗管理を行い、遅延があれば、調整（コントロール）を行っていく。

　この手法は当時のソフトウエアの危機を救ったかもしれないが、VUCA（変動性・不確実性・複雑性・曖昧性）の時代にはそぐわない点がある。PMBOKのプロセスフローである「計画」し、計画と実行のずれを「確認」して

「調整」を行うという点に注目して、それぞれの課題を以下で整理する。

計画における課題

計画での課題は幾つかあるが、特に重要なのは計画の精度である。計画精度の課題は、続く確認、調整にも共通する。

計画精度が低い

フェーズモデルでは、初期計画時点で全体スコープを洗い出す。作るべき機能全体を定義し、それらの開発に必要な工数を見積もる。とはいえ、すべての機能を正確に洗い出すことは困難なので、コストやスケジュールにバッファーを持たせた計画を行う。しかし開発対象の不確実性が高過ぎると、いくらバッファーがあっても計画は破綻しやすくなる。

確認における課題

マネジメントで重要なのは、計画と実行結果のズレを確認することだ。不確実な状況において、3つの課題がある。

計画精度が低い

そもそも計画精度が低い場合、確認に意味がなくなる。正しくない計画を立てて進捗を確認しても、実態を把握できない。

進捗確認がしにくい

進捗や品質を正しく判断できる人がいないことが課題になりやすい。ユーザーが外部の人間である場合、ドキュメントを見せて「これで正しいですか？」と聞くことはできない。そのためユーザーではない人が仮の判断をすることになる。

成果物評価がしにくい

ドキュメントだけでは使い勝手（ユーザビリティー）や性能などの機能とは直接的には関係ない要素（非機能要件）を確認できない。プロジェクトの終盤になって、ようやく動いたソフトウエアを利用して初めて評価できる。

調整における課題

　調整は計画と実績の差を埋めることだ。確認の結果としてズレが見つかれば、それを計画通りに調整する必要がある。しかし不確実な状況では次の3つの課題がある。

計画精度が低い

調整は「計画通りに戻すこと」が目的だが、計画が正しくなければ、そもそも意味がない。

変更が困難になりやすい

調整の前提は、計画が正しいことだ。調整の発生は実行に何らかの問題があったことを意味する。そのため、作るべき対象を変更するのは発生しないほうが望ましいこととされている。先にスケジュールの延期やコスト増加が検討される。これにより、後工程で作るべきものが変わってきたとき、変更が困難になりやすい。もちろん「変更管理」という仕組みがあるが、大きな変更の対応には向いていない。

プロジェクトマネジャーに依存しやすい

調整力がプロジェクトマネジャーの能力に強く依存する。「計画通りに進むこと」が前提になるため、調整はネガティブな活動となる。顧客との交渉はタフになりやすく、それがプロジェクトマネジャー

の力量に関わる。

これらの問題については、ソフトウエア開発に携わったことがあれば納得できるはずだ。では、これらの問題をどのように解決すればいいのだろうか。

▰▰ アジャイルによる解決

アジャイル開発では、スクラムに代表されるような定期的な活動を中心とする。「アジャイル宣言の背後にある原則」（https://agilemanifesto.org/iso/ja/principles.html）には、アジャイル開発について、より具体的な12個の原則が定義されている。以下に引用する。

- ◉ 顧客満足を最優先し、価値のあるソフトウェアを早く継続的に提供します。
- ◉ 要求の変更はたとえ開発の後期であっても歓迎します。
  変化を味方につけることによって、お客様の競争力を引き上げます。
- ◉ 動くソフトウェアを、2-3週間から2-3ヶ月というできるだけ短い時間間隔でリリースします。
- ◉ ビジネス側の人と開発者は、プロジェクトを通して日々一緒に働かなければなりません。
- ◉ 意欲に満ちた人々を集めてプロジェクトを構成します。環境と支援を与え仕事が無事終わるまで彼らを信頼します。
- ◉ 情報を伝えるもっとも効率的で効果的な方法はフェイス・トゥ・フェイスで話をすることです。
- ◉ 動くソフトウェアこそが進捗の最も重要な尺度です。
- ◉ アジャイル・プロセスは持続可能な開発を促進します。一定のペースを継続的に維持できるようにしなければなりません。

- 技術的卓越性と優れた設計に対する不断の注意が機敏さを高めます。
- シンプルさ（ムダなく作れる量を最大限にすること）が本質です。
- 最良のアーキテクチャ・要求・設計は、自己組織的なチームから生み出されます。
- チームがもっと効率を高めることができるかを定期的に振り返り、それに基づいて自分たちのやり方を最適に調整します。

これらの原則はアジャイルの特性・特徴を表している。マネジメント手法としてウオーターフォールと比べると、以下がとりわけ特徴的だ。

- 2-3週間から2-3ヶ月というできるだけ短い時間間隔
- 動くソフトウェアこそが進捗の最も重要な尺度
- ビジネス側の人と開発者は、プロジェクトを通して日々一緒に働く

これらの特徴を利用することで、ウオーターフォールの問題を解決できる。

計画における課題

計画精度が低い

十分に短い期間（2～3週間から2～3カ月）だけについて計画すれば、その期間における計画精度を高めることができる。

確認における課題

計画精度が低い

計画精度が高ければ、問題は発生しにくくなる

進捗確認がしにくい

期間が終わるたびに動くソフトウエアを確認すれば、ユーザーが状

況を正しく判断できる

成果物評価がしにくい

成果物が動くソフトウエアであれば、使い勝手（ユーザビリティー）や性能などの非機能要件も確認できる

調整における課題

計画精度が低い

期間における計画精度が十分に高ければ、期間内での調整の必要性が小さくなる

変更が困難になりやすい

期間内では変更が発生しない。次の期間に向けて、新たに計画を見直すことで、変更を計画として取り込める

プロジェクトマネジャーに依存しやすい

ビジネス側の人と開発者が一体となって全体の状況把握や振り返りを実施するため、特定の個人への依存を小さくできる

　このようにしてみると、アジャイルというマネジメントでは、計画と実行の繰り返しを前提に「確認」や「調整」を計画期間内で行うのではなく、期間の区切りで行うようになっていることが分かる。確認は期間終了後にユーザーも含めてチームで行う。調整は次の計画に含んでしまう。「変更」を「計画の変更」ではなく「変更を取り込んだ計画」として扱うことができる。つまりアジャイルは「変更」を「変更管理」するのではなく、「次の計画」として取り込んでいるのだ。

システム開発におけるゴールの違い

こうしたマネジメントの違いは、ただの手法の違いに過ぎないが、本質的な目指すべきゴールの違いとなってしまうことがある。

ウオーターフォールの場合、システム開発をプロジェクトとして捉えると、ゴールは「システムのリリース」になりやすい。これは最初に定義するスコープがシステムの機能によって定義されるからだ。そしてその機能を、QCD（品質・コスト・納期）の要件を満たしてリリースすることがプロジェクトの成功とされる。こうした場合には、その機能がビジネスの実態から乖離していたとしても、QCDが守られていればプロジェクトは成功した、とみなされる傾向がある。

一方、アジャイルでは、システムの機能が適宜、決定されるため、ゴールはビジネスの成功やプロダクトの成功といった抽象的なものになる。このゴールを達成するため、機能や方向性を変更することが求められる。つまりアジャイルでは、システムの機能はビジネス価値を実現するための「手段」であり、その手段は必要に応じて変更される。価値提供にフォーカスし、改善を重ねていくことで、ビジネスの実態に即したプロダクトを育てていくのがアジャイルの本質だ。

アジャイルを導入する

これまでウオーターフォールとアジャイルについて比較してきた。簡単に整理すると、以下のようになる。

ウオーターフォールは計画主導
- 対象を明確にして、長期の計画を立案する
- 実行時には計画と実績を比較し、進捗を確認する
- 進捗に遅れがある場合は、計画に戻るよう調整する

アジャイルは変更主導

　　・一定の期間の中で実現する対象を優先順位に従って決定する

　　・期間完了時に、関係者全員で、できたものを確認する

　　・適宜、適切な優先順位に変更する

　当然ながら、これらは良しあしではなくマネジメント手法としての特徴だ。VUCA という状況においては、ウオーターフォールには限界があり、アジャイルが向いている。では企業は、どちらのマネジメント手法を利用すべきだろうか?

　アジャイルが最も適しているのはECサイトのように、継続的に収益を上げるサービスで、持続的な小規模の機能改善によって収益の向上が見込まれる場合だ。こうしたサービスの場合、ビジネス成果と必要な機能との関係が明瞭で、より高い成果を上げるには素早く変更を取り込む必要がある。

　一方、ウオーターフォールが適しているのは、1年以上かかるような取り組みにおいて、リリース日と、求められる成果が明確である場合だ。税制などの法律に従った確定的な内容では計画主導のほうが適切である。

　企業内にある多くのシステムは、そのどちらでもない。ECサイトほど機能とビジネス成果の関係が明確ではないが、1年後に必達のリリース日があるわけでもない。こうした場合は、中長期の方針に従いながら、状況に合わせて変更を取り込むといった進め方になる。

　このような場合は、どちらかをベースとしながら、適切に対応していくという方法が取られる。ウオーターフォール型の開発を主軸としてきた企業であれば、ウオーターフォールのように初期計画を明確にし、それをベースにした変更管理で対応しているだろう。

　本書では、企業システムの開発にスクラムを利用する方法を紹介したい。「ウオーターフォールではあるが、適切に計画の変更を実施する」と「アジャイルではあるが、中長期の計画を見据えていく」に大きな違いは

ないはずだ。計画的であることと、変化に対応することは矛盾しない。両者のバランスが重要であり、そのためにマネジメント手法を適切に利用することが大事になる。なお「大規模アジャイル手法」と呼ばれる、大規模なシステムを複数のチームで開発する手法については後段で紹介する。

　電車のたとえ話で分かるように、スクラムでは時間軸のリズムと作業リソースを固定したうえで、実施する作業を、優先順位に従って後から決定する。このように枠組みを明確にすることで、柔軟にする部分が安定してくる。よって、企業でスクラムを導入する際に検討すべきは下記の2点になる。

- リズムとリソースの設定
- 優先順位の決定方法

これらは組織や案件の特性によって異なる。

電車を走らせる

　まずはリズムとリソースの設定を行い、これを組織として共有する必要がある。電車の運行計画を立案するのだ。

リリースサイクルを決める

　まず検討すべきはリリースサイクルとリードタイムだ。リリースサイクルとはシステムのリリースを行う間隔で、リードタイムは要求が発生してからリリースされるまでの期間を示す。

　スクラムではスプリントとリリースタイミングには直接的な関係はない。スプリント内でリリースしてもよいし、複数のスプリントの成果をリリースしてもよい。よって、リリースサイクルはスプリントのことではない。

リリースを重視するのは、それが企業システムでは大きなイベントであり、組織として管理対象とすべきものだからだ。また、案件の種類によってステークホルダーの大きさが異なり、そこにかける時間も変わってくることが多い。

　よって、案件の種類によってリリースサイクルを分類し管理したほうがリズムは安定する。**図表2-4**は、企業システムにおける一般的な分類である「新機能」「改善」「保守」「緊急」とそれぞれのリリース間隔だ。リリース間隔は筆者の経験から推奨する値を記した。1つずつ解説する。

■ 図表2-4　「新機能」「改善」「保守」「緊急」とそれぞれのリリース間隔

分類名	概要	リリース間隔
新機能	業務変更を行うような新たな機能の追加	3カ月
改善	既存機能における画面や項目の改善	1カ月
保守	データのメンテナンスや、機能に影響を与えない小さな修正	1週間
緊急	バグや障害など、すぐに対応すべきもの	できるだけ早く

　まず「新機能」は、システムに対して新たな機能を追加する場合だ。業務への影響もあり、社内のステークホルダーも多く、そのための調整にも時間がかかる。新機能が3カ月おき、つまり四半期サイクルになるのは、企業が四半期という単位でマネジメントすることが多いからだ。予算や実行成果の評価なども四半期サイクルのほうが検討しやすい。仮にリリースまでの開発期間が6カ月を超える（年に2回以下のリリースしか行う必要がない）場合は、ウオーターフォールをベースにするほうが望ましい。

　次の「改善」は、すでに存在する機能を修正して改善する場合だ。ユーザーからのフィードバックを受けて既存の業務を効率化したり、技術的な課題を解消したりすることなどが目的となる。この改善において、新たなステークホルダーが発生することはないが、既存のステークホルダーに対する通知や調整が必要になる。

続く「保守」は、既存の機能を変更せずに対応するような作業である。開発者が見積もりを実施したり、データやログを取得したり、サーバーの台数を変更したりすることなどが含まれる。機能に影響を与えないような見た目の簡単な修正が含まれてもよい。見積もりを既存のステークホルダーに連絡することはあるが、調整はほぼ不要である。

最後の「緊急」は、バグや障害などによって緊急に対応する必要がある作業だ。バグが見つかっても、緊急対応が不要であればバックログに記載し、改善や保守で対応する。

このように案件を分類し、それぞれのリリース間隔を一定にすることを意識すると、ステークホルダーとのやり取りが明確になる。特に新機能は、開発において新たなステークホルダーが登場することもあり、スケジュールが読みにくくなる。当然ながら1回のスプリントで実現できるような作業量にならない。そこで、スクラムの管理単位であるスプリントとは別に、組織として共有できる管理単位を作ったほうがよい。

なお、リリースサイクルを確定することが難しいケースもある。新機能の場合、開発期間が3カ月に収まるような規模であったとしても、期初や期末は事業部門側との交渉が進まずリリースできないこともある。そうした場合は、リリースタイミングをバラバラにしてもよい。ただしスクラムチームの管理負荷が上がるうえに、優先順位の判定が難しくなる。

リードタイムを決める

では、1回のリリースに対するリードタイムは、どの程度になるだろうか。リードタイムは、システムの企画からリリースまでの期間を示す。リードタイムの内訳は、大きく分けると**図表2-5**のような2段階になっている。

■ 図表2-5　リードタイムの内訳

期間名	長さ
要件定義期間	開発期間の1〜2倍
開発期間（設計、実装、テスト）	リリースサイクルと同じ

　リリースサイクルと開発期間は一致する。これは、常に開発リソースを動かし続けるための考え方だ。要件定義期間は開発規模に依存し、多くの場合は開発期間と同程度になるが、企業によっては2倍程度かかることがある。開発期間後、受け入れ、検証、リリース準備に時間がかかるケースもある。

　よってリードタイムの全体は、リリースサイクルの2〜3倍となる。分類別のリードタイムは**図表2-6**のようになる。

■ 図表2-6　新機能のリリースを3カ月おきに行いたい場合の推奨リードタイム

期間名	新機能	改善	保守
要件定義期間	3〜6カ月	1〜2カ月	1〜2週間
開発期間（設計、実装、テスト）	3カ月	1カ月	1週間

　リードタイムを意識すると、要件定義と開発を常に繰り返していることが分かる。要件定義を完了させて開発を始めると、その横では次の開発のための要件定義を開始する。電車のたとえ話では、電車が出発した後、ホームでは次の電車に向けて乗客の整理を始めることを意味する。電車だけでなく、ホームにいる駅長も常に動き続けているのだ。

電車の車両を決める

　スクラムチームの管理対象に案件分類があると、1回のスプリントの中でリリースサイクルが異なる複数の案件を管理する必要がある。新機能、改善、保守（障害対応を含む）の作業が1つのスプリントの中に存在する。

こうした場合は、分類ごとに実施する作業量を分けて考えるとよい。電車でいえば全体の乗車定員を変えずに、分類ごとに車両を設けて定員を割り振るわけだ。例えばスプリントごとに全体として100ポイントの作業を実施できるチームがあったとしよう。このチームは新機能に5割（50ポイント）、改善に3割（30ポイント）、保守に2割（20ポイント）と決めてしまう。例えば工数見積もりの結果、以下の作業が対象になった場合を考える。

- 新機能Ａ：200ポイント
- 改善Ａ：20ポイント
- 改善Ｂ：20ポイント
- 保守：未定

次のスプリントでは、以下のように作業を想定する。

- 新機能Ａ：200ポイントの中で50ポイント
- 改善Ａ：20ポイントのすべて
- 改善Ｂ：20ポイントの中で10ポイント
- 保守：20ポイント

新機能Ａは200ポイントなので、50ポイントずつ4スプリントをかけて取り組むことにする。つまり新機能車両の乗客は4周乗り続ける。電車がホームに戻ってくるたび、動くソフトウエアのデモをして進捗を確認するが、基本的に4スプリントの間は新機能車両に新しい乗客を乗せない。

改善ＡとＢは20ポイントずつなので、改善Ａは次のスプリントで完了するように計画し、改善Ｂは半分済ませてその次に持ち越す。改善車両の乗客2人のうち、1人は1周で降ろし、もう1人は2周乗せる。

保守の作業は、電車の出発時点では決定していない場合もあるので、20ポイントの大きさの乗客を乗せておく。そして、スプリント実施中に発生

した課題を記録しながら、20ポイントに収まるように実施していく。もし障害などの緊急事態で、20ポイント以上を使った場合は、プロダクトオーナーと相談しながら対応を検討する。他の車両を急に空けることもあるだろうし、すべての作業をキャンセルしてでも対応することもある。

　こうして案件の分類に対応するチームの作業量を最初から区切っておくことで、安定した運営が可能になる。この区切りの割合も、プロダクトやチームの状況によって動かしてよい。

電車が循環するサイクルを決める

　最後にスプリントの長さを検討する。スクラムガイドでは「スプリントは、1カ月以内の決まった長さとする」と定義されている。スクラムの創始者であるジェフ・サザーランド氏は著書や講演、研修などで「多くのチームが2週間でのスプリントで成功している」と述べている。筆者の知る限りでは、1週間か2週間が多い。

　最も重要なのは工数見積もりの精度だ。2週間分の作業が明確であり、これを高い精度で見積もれるのであれば、2週間が望ましい。スクラムでは、スプリントプランニング、スプリントレビュー、スプリントレトロスペクティブといったイベントがある。スプリントが短いと、こうしたイベントのオーバーヘッドが大きくなり、十分な作業時間を確保できないことがある。1週間では、まとまった作業時間が取りにくくなり、中規模の作業に取り掛かりにくくなる。

　ただしチームが立ち上がった直後や、システムが初期段階にあるなど、見積もり精度を高めにくい状態では1週間を選択することが多い。なおスクラムにおいて見積もり精度を高めるための参考図書としては『アジャイルな見積りと計画づくり-価値あるソフトウェアを育てる概念と技法』（マイク・コーン著、安井力、角谷信太郎 翻訳、毎日コミュニケーションズ）がよく知られている。

次の乗客をどのように決めるのか

ここまで組織で共有すべきリズムとリソースを明確にしてきた。次に、この電車の乗客をどのように選ぶのか、について整理していく。

そのために重要なのがプロダクトバックログの管理だ。スクラムガイドでは「プロダクトバックログは創発的かつ順番に並べられた、プロダクトの改善に必要なものの一覧」と定義されている。いわゆる課題表であるが、優先順に並べられているのが重要だ。電車のたとえでは、ホームに並んでいる乗客である。プロダクトバックログが適切に管理されているほど、スクラムの成果は上がっていく。

スクラムでは見積もりにバッファーを使わない。ウオーターフォールでは、要件定義や基本設計のフェーズが計画に含まれるため、初期段階で開発チームに渡す要件は曖昧でもよい。ただし、その時点で見積もりをしなくてはいけないので、バッファーを使った見積もりをする。一方、スクラムは短期計画なので、開発開始時点で要件を明確にして、見積もりの精度を高めることによりチームの生産効率を高める。電車の乗車率を常に100％にするには、乗客のことを正確に理解しておく必要がある、というわけだ。

しかしウオーターフォールに慣れた組織では、開発者に渡す要件が曖昧であることにも慣れている。電車に乗る時点で、乗客の姿が曖昧で、その大きさを見間違えて乗車率がブレれば（多くの場合は100％を超える）、予定通りに作業が完了せずに電車の運行は乱れてしまう。

そのため乗客が電車に乗る時点では、要件が十分に明確になり、開発者が見積もりを正確に実施できる状態になっていなくてはならない。スクラムの用語で言えば、スプリントプランニングの時点では、要件が明確になっており、開発者が正確な見積もりができる状態になっている必要がある。その結果、プロダクトバックログからスプリントバックログにバックログアイテムを移すことができる。

これを実現するには、プロダクトバックログの運用が重要だ。具体的には、以下の4つの基準についてしっかりと合意する必要がある。以降で1つずつ解説する。

- プロダクトバックログ候補にする基準：改札を通過する基準
- プロダクトバックログに追加する基準：ホームに乗客を上げる基準
- 優先順位を確定する基準：乗車列の並び順を確定する基準
- スプリントバックログに追加する基準：電車に乗る基準

改札を通過する

まず、プロダクトバックログの候補にする基準だ。これを満たさなければ、そもそも対象の案件をプロダクトバックログに追加することすら行わない。プロダクトバックログとして成立するには、その案件のビジネス価値、実現手段の概要、コスト対効果が明確になっている必要がある。非常に当たり前だが、これがウオーターフォールに慣れた組織では難しいことがある。どうしても実現手段だけを定義してしまうのだ。重要なのは「どうやるか（How）」ではなく「なぜやるか（Why)」であり、どのようなビジネス価値を、どれだけのコストをかけてやるか、ということだ。

ビジネス価値を明確にするのは、優先順位を組織の視点で検討するためだ。次の電車に誰が乗るべきか、つまり「限られた開発リソースで今何をすべきか」は、組織として納得できる理由がなくてはならない。これは実現手段だけを見ていても判断できない。

筆者は案件候補募集のフォームを作り、これを事業部門に記入してもらうことを推奨している。記入項目は以下のようなものだ。

- 案件名
- 主管部署、担当者名
- 目指すべき効果や成果

第2部　ITロックインを解き放つ技術群

- 実現手段の概要
- 関係者
- 想定コスト

　このフォームに記入されたものは候補リストとして管理する。仮にこれすら作成できない場合は、事業部側に案件に対するコミットが少ない。こうした案件は受け入れないのが最もよい方法だ。仮に何らかの事情によって受け入れるとしても、プロダクトバックログとして扱わず、このフォームの入力をするための支援として対応したほうがよい。ビジネス価値を定義していない案件は、組織として何の意味もないからだ。

ホームに乗客を上げる

　候補リストに記載されたものは、要件定義期間の中で要件を明確にしていき、準備ができたらプロダクトバックログに記載していく。要件の明確さは、見積もり精度の高さで判定する。開発者が十分に安心して見積もることができる状態まで案件を明確にするのだ。ウオーターフォールでいう基本設計フェーズが完了した状態を目指す。

　スクラムでは、スプリントプランニングで見積もりをして作業量を確定させる方法がよく知られている。乗客を電車に乗せるタイミングで、乗客の姿を見定めるのだ。

　しかしウオーターフォールに慣れた組織の場合は、この方法ではうまくいかないことが多い。前述の通り、開発者に渡す要件が曖昧であることに慣れているからだ。あまりにも案件が曖昧でスプリントプランニングを迎えてしまうと、スプリントプランニングに時間がかかるだけでなく、どうしても見積もり精度を高められないままスプリントが開始されてしまう。そのためスプリントプランニングの前に、意図的に案件を明確にする作業に取り組んだほうがよい。これが十分に成熟してきて安定すれば、事前見積もりの割合が小さくなっていく。

まず重要なのは、その案件のビジネス価値と、それを実現するための手段との間で整合性が取れているかどうかだ。このために「ユーザーストーリー」を利用する。ユーザーストーリーは、ユーザーの視点に立ち「[役割] として、[目的] のために、[機能] が欲しい」といったことを定義する。重要なのは機能を目的化しないことだ。

　例えば「○○担当者として、抽選を実施するために、抽選機能が欲しい」は、機能が目的化されてしまっている。記載すべきは「○○担当者として、顧客価値向上のために、平等に購入者を選びたい」といった内容だ。ユーザーストーリーの書き方については『ユーザーストーリーマッピング』（Jeff Patton 著、川口恭伸 監修、長尾高弘 翻訳、オライリージャパン）など参考になる書籍は多い。

　こうしたユーザーストーリーを利用しながら開発者と協力して、詳細なシステムや画面の構成を検討していく。対象案件の大きさによって検討にかかる期間も異なるため、案件分類に合わせてスケジュールを考える。開発者側は見積もり精度を上げていくために不明瞭な点について確認していく。

　技術的な不明点によって見積もりが曖昧になる場合は、開発者は技術的確認作業を次のスプリントの保守作業枠で実施することを提案できる。これはスパイクと呼ばれる。『アジャイルサムライ──達人開発者への道』（Jonathan Rasmusson 著、西村直人、角谷信太郎 監訳、近藤修平、角掛拓未 翻訳、オーム社）などが参考になる。

　こうした作業は一般に「バックログリファインメント」と呼ばれる。開発者の保守枠によって行うが、プロダクトの状況によって定常的に大きくなる場合は、リファインメント枠を準備しておいてもよい。

乗車列の並び順を確定する

　見積もり精度が十分に高まれば、案件をプロダクトバックログに記載し、作業を開始するまでの準備が完了する。次に行うのは、完成したプロ

ダクトバックログの優先順位について組織的な合意を得ておくことだ。

優先順位決定において、遅延やくつがえしがあると無駄な成果物が作られることになる。決定が遅延すれば優先度の低い作業を行うことになり、くつがえしがあればその作業は無駄になる。

プロダクトオーナーに十分な権限があり、組織がその決定を尊重するなら、優先順位はプロダクトオーナーが決定すればよい。

もしそうでないなら、プロダクトバックログの優先順位の決定のためのミーティングを開き、その場で組織的決定として承認を得る必要がある。このミーティングはスクラムのリズムを意識したタイミングで実施し、対象案件に関係するすべてのステークホルダーの責任者が出席する。参加者はその場で議論し、持ち帰ることなく決定しなくてはならない。これを「組織的意思決定ミーティング」と呼ぶ。

仮にプロダクトオーナーに十分な権限がなく、組織的意思決定ミーティングを開けない場合、組織においてスクラムは正しく機能しない。スクラムのメリットはビジネスとITの整合性をもたらすことであり、そのために最も重要なのが優先順位の決定だ。それが蔑ろにされているなら、組織としてスクラムを機能させるつもりがないことを意味する。

優先順位はビジネス価値とスクラムチームのリソースの制約の中で決定する。そのため各部署から優先順位に対して異議があった場合は、対象の案件が他の案件に比べて組織におけるビジネス価値が高いことを、そのオーナー部署が組織的意思決定ミーティングの場で説明する。プロダクトオーナーは、その議論をファシリテートし、組織として合意できるように努める。

もし、その部署が組織の決定した優先順位について合意できず、個別の予算を計上してでも作業を実施したい場合には、十分な準備期間を持って一時的にチームを増強し対応する。

ただし、これは望ましいことではない。チームの人数が増減することは、コミュニケーションにオーバーヘッドをもたらし、チームの効率は必

ず悪化することを共有しておく必要がある。

　スクラムマスターは組織の状態を理解するため、組織的意思決定ミーティングに参加したほうがよい。開発者の参加については検討が必要になる。その場では、各部署の立場での発言が主軸になるため、必ずしも開発に対してリスペクトがある発言がされるとは限らない。

　一方で、スクラムマスターや開発者が社外メンバーの場合、情報の秘匿性から参加が難しいこともある。

　プロダクトオーナーは組織的意思決定ミーティングの場で適切に議論できるよう事前に各部署の担当者と確認する必要がある。いわゆる「根回し」である。これは新機能などで特に必要だ。

　組織的意思決定ミーティングにスクラムチーム全員がそろわないことや、事前に根回しをすることは「透明性」を重視するスクラムにおいては推奨される行為ではない。しかし日本企業でスクラムを機能させるには、日本のコンセンサス型意思決定への対応が必要になる、というのが筆者の考えだ。

　組織的意思決定ミーティングの開催タイミングはプロダクトの状況によって異なる。プロダクトの初期段階では、頻繁に状況が変わるだろうからスプリントと同じサイクルで開催すべきだ。もしスプリントより長い間隔で開催するなら、組織として変化に対応できるチャンスを逃していることになる。

　プロダクトが成熟してくれば、スプリントサイズとは関係なく隔週次、月次などにしていくことができる。組織的意思決定ミーティングを何回も開催していくと、プロダクトオーナーはステークホルダーの視点を理解するようになり、案件の表現方法や優先順位の決定理由に齟齬がなくなっていく。そして、優先順位が齟齬なく決定する回数が増えてくれば、各部署の責任者は暗黙的な権限委譲をプロダクトオーナーに対して行う。

　このため関係部署の責任者やプロダクトオーナーが変更された場合は、組織的意思決定ミーティングの開催頻度を高める必要がある。改めて、意

思決定についてのすり合わせが必要になるからだ。

あるいは急な「鶴の一声」に対応しなくてはならないこともある。日頃からスクラムを安定して運営できているなら、たまにある「鶴の一声」には対応できるはずだ。適切なリズムの中で変更を許容することがスクラムの真骨頂だ。

しかし鶴の一声が乱発されたり、過激な内容だったりすれば、スクラムのリズムが乱れる原因となる。その組織ではコンセンサス型意思決定すら正しく機能していないことを意味する。このような組織では、鶴に当たる人物がプロダクトオーナーになる以外に、あまり解決策はない。

電車に乗る

ここまでのプロセスが適切に機能している場合、スプリントプランニングは安定して運営できる。スクラムガイドでは、スプリントプランニングでは3つのトピックに対応する必要があると定義されている。

1つめのトピックは「このスプリントはなぜ価値があるのか？」。プロダクトオーナーから今回のスプリントで注力すべき内容を提示する。主に組織的意思決定ミーティングの内容を伝えることになる。より明確に伝えたい場合は、その場にステークホルダーを招いて直接伝えてもらってもよい。

「このスプリントで何ができるのか？」。これが2つめのトピックである。開発者はプロダクトオーナーと話し合い、プロダクトバックログから優先順位に従って今回のスプリントに含めるアイテムを選ぶ。やるべき案件の分類と、分類に対応する車両ごとの定員を気にしながら、効率的に実施できる方法を検討する。

3つめのトピックは「選択した作業をどのように成し遂げるのか？」。これについては、開発者がアイテムを具体的な作業に分解していく。1つの作業は1日以内にすることで、日次でも進捗確認ができるようにする。

スプリントプランニングが安定しているかどうかは、実施時間で判断

できる。スクラムガイドには「スプリントが1カ月の場合、スプリントプランニングのタイムボックスは最大で8時間である」と記載されている。よって、以下のような時間で作業の分解までできるなら、概ねスクラムは安定して機能しているといえる。

スプリントが1カ月：8時間以内
スプリントが2週間：4時間以内
スプリントが1週間：2時間以内

改札から電車に乗るまで

ここまでの流れは、開発を始める前の要件定義期間に行うものだ。複数の分類の案件が並行して稼働していると、管理が煩雑になりやすい。これを避けるには年間計画を立てるのが望ましい。新機能、改善、保守については年間の予定としてリリース日を決定し、それぞれの要件定義期間を先に決めてしまう。そうすれば、乗客の姿や改札に集合するタイミングが明確になる。

一般的なウオーターフォール開発であっても、改善や保守については年間予算が確定しており、定期リリースを実施している場合があるだろう。課題一覧を管理し、一定のリソースの中で実施内容を組織的に決定しているなら、それはアジャイル型だ。先に締め切りを明確にすることで、組織全体の活動が安定するのだ。

難しいのは新機能の扱いだろう。新機能についても、四半期に1回といった形で事前にリリース日を確定できるのが望ましい。それが難しい場合は、日々の改善や保守のプロセスを安定させながら、リソースのキャパシティーの中で新機能への対応を順次実施していくことになる。

電車と駅を安全に運営する

　ここまで日本の企業システム開発にスクラムを利用する方法として、リズムとリソースの設定と優先順位の決定方法について説明してきた。最後にスクラムを安定させるための取り組みについて紹介する。

プロダクトオーナー支援

　日本企業でスクラムを安定して機能させるには組織内の調整が非常に多くなる。こうした場合には、プロダクトオーナーを支援する必要がある。スクラムガイドにおいてもプロダクトバックログ管理は「プロダクトオーナーが行うこともできるが、他の人に委任することもできる」と定義されている。

　日本企業におけるプロダクトオーナーの役割は、大きく分けて以下のように分離できる。

　　● 全体推進
　　● 社内調整
　　● 開発調整

　1つめの全体推進は、全体の意思決定を推進したり、最終的な判断をしたりする役割だ。これはプロダクトオーナーが実施するもので、他者に委任できない。

　社内の責任者や業務部門と調整し、縦の合意形成を推進する役割が、2つめの社内調整である。ステークホルダーの部署の専門性が高い場合は、その分野に詳しい人物が必要になる。

　3つめの開発調整は、ユーザーからのフィードバックをまとめたり、開発者と調整したりする、横の調整を推進する役割だ。代表的なのは、プロダクトバックログアイテムの記述、開発者と仕様を詰めていく作業だ。

これらの役割をスクラムマスターや開発者が支援することもできるが、明確にプロダクトオーナー支援のメンバーを置くほうが圧倒的によい。社内調整はスケジュールが読みにくく、作業計画が立てにくいため、スクラムのリズムとは分離させたほうがいい。開発調整はビジネス価値の観点での作業が重要であり、スクラムマスターや開発者が担うと従来のウオーターフォール型に近くなってしまい、結果としてスクラムから生まれる成果が乏しくなることが多い。

契約形態

多くの日本企業では、スクラムチームを社内の人材だけで構成することは困難だろう。少なくともプロダクトオーナーは社内の人材である必要があるだろうが、それ以外は社外リソースを活用することがある。

こうした場合にベンダーとの契約関係のあるべき姿については、すでに多くの議論がある。情報処理推進機構（IPA）が公開しているWebページ「情報システム・モデル取引・契約書（アジャイル開発版）」では、請負契約ではなく準委任契約が前提であるとされている。

> 参考情報：IPAの「情報システム・モデル取引・契約書（アジャイル開発版）」
> https://www.ipa.go.jp/digital/model/agile20200331.html

請負契約は、発注人が請負人に対し、仕事の完成に対して報酬を支払うことを意味する。システム開発の場合は、対象となる仕事の完成の定義をシステムの機能定義をもって行う。そのため「何を作るか決めないと契約できない」ことになる。一方、準委任契約においては仕事の完成が定義されないため、受注側のベンダーは成果物を納める義務はなく、役務を提供することで契約を履行したことになる。

契約種別は、資産計上の問題にも関わるだろう。ソフトウエアの場合は、無形固定資産として計上し、減価償却の対象とする。請負契約に関連

付く完成品をもって資産計上の対象とするのが一般的だろう。しかし準委任契約であっても、対象物が資産として明確であれば、資産計上は可能である。EY新日本有限責任監査法人によるAgile Japan 2020での講演「アジャイル開発における会計の考え方」では、アジャイル開発であっても資産計上の基本的な考え方を変える必要はなく、案件の実態に合わせて適切に資産計上の単位を定めて処理すればいいことが示されている。

参考情報：EY新日本有限責任監査法人の講演資料「アジャイル開発における会計の考え方」
https://2020.agilejapan.jp/pdf/DAY2_CH2_1150.pdf

　より本質的なことは、契約形態がチームに制約を与えるかどうかである。たとえ請負契約であったとしても適切な手続きによって、チームが機能するならば問題ない。ただし、準委任契約のほうが、より実態に適合しており、発注者も受注者も効率的であることは間違いない。

大規模アジャイル

　大規模なシステム開発においてアジャイルを活用する場合には、複数のアジャイルチームを連携させる必要が出てくる。これについては、チーム向けの手法を拡張した手法として「Scrum of Scrums(SoS)」「Large Scale Scrum(LeSS)」「Scrum@Scale」「Scaled Agile Framework(SAFe)」といったものが有名だ。いずれも複数のチームを連携させることが前提だが、どのように連携させるのかについて手法が異なる。それぞれを簡単に説明していこう。

Scrum of Scrums(SoS)

　Scrum of Scrums(SoS)は、スクラムの創始者であるシュエイバー氏とサザーランド氏が著書の中で複数のスクラムチームが連携するために提唱した手法だ。非常にシンプルで柔軟性が高い。

その名の通り、複数のスクラムチームのためのスクラムだ。各チームの代表者が集まり、チーム間で調整するためのミーティングを開く。代表者はスクラムマスターや開発者メンバーから選び、ミーティングではチーム間に関する依存関係や障害について調整する。

ミーティングの実施タイミングなどは特には定められておらず、状況に応じて柔軟に設定することが可能だ。日々のデイリーミーティングの後でもよいし、スプリント単位でもよい。状況に応じてチーム同士の連携に必要なタイミングで実施される。SoSはこのようなシンプルなフレームワークのため、後述の大規模アジャイル手法に組み込まれている。

Large Scale Scrum(LeSS)

Large Scale Scrum(LeSS) は、クレーグ・ラーマン氏とバス・ヴォッテ氏が提唱した手法である。Scrumのシンプルさを維持しながら、1つのプロダクトを複数のチームで開発するために考えたものだ。

組織内に複数のスクラムチームがあっても、それぞれが管理しているサービスが独立していれば、チーム間の調整は発生しない。その場合、SoSを追加するだけでチーム間の調整は可能になる。

しかし1つのプロダクトを複数のチームで作る場合には、それぞれのチームはより緊密に連携する必要がある。そこでLeSSでは、1つのプロダクトを作ることを前提にしている。特徴的なのは、複数チームが下記の要素を前提として動くことだ。

- 1人のプロダクトオーナーと1つのバックログ
- 共通のスプリント
- 1つの出荷可能なプロダクトのインクリメント

1つのプロダクトを作るのだから、プロダクトオーナーは1人であり、1つのプロダクトバックログで管理する。これを複数のチームで取り組む

ため、スプリントプランニングを2つに階層化する。第1階層でプロダクトオーナーと各チームの代表者が集まってバックログからアイテムを選択し、第2階層では各チームの中でバックログアイテムを細かいタスク（作業）にしていく。

スプリントの最後には、全チームの全員でスプリントレビューを実施する。その後、チーム単位でのレトロスペクティブと、チームの代表者によるオーバーオールレトロスペクティブを行う。

なお2〜8チーム（10〜50人）まではLeSSを適用するが、8チーム以上（50〜6000人以上）になると「LeSS Huge」を適用する。LeSS Hugeでは、プロダクトを「エリア」という単位で分割し、1人のプロダクトオーナーの配下にエリア単位でエリアプロダクトオーナーを配置し、チーム化する。1つのエリアは4〜8チームで構成しており、その中での活動はLeSSと同じだ。

簡単にいえば、LeSSはすべてのチームにおけるスクラムの活動を同期させることでスケールさせるというアイデアだ。スクラムの強力なフレームワークを最大限に生かすことができ、かつ全体としてシンプルさを保てるため分かりやすい。

Scrum@Scale

Scrum@Scaleは、サザーランド氏が提唱した手法だ。What（プロダクト）とHow（プロセス）の責任の分離に注目している。大規模スクラムが求められる状況では、企業文化の変革が必要になるケースが少なくない。こうした状況では「何のために、何をするのか」というビジネス価値の定義に混乱が発生し、チームが適切に機能しなくなることがある。

Scrum@Scaleでは「スクラムマスターサイクル」（How）と「プロダクトオーナーサイクル」（What）という2つの活動を定義している。それぞれ独立して取り組むべき対象がある一方で、サイクルは定期的に交差し、企業全体の変革に向けて複数のチーム活動をリンクさせる。

Scrum@Scale は、1つのプロダクトというよりは、特定の目的を持った企業や組織全体へのスクラム適用を目的にしており、その中に複数のプロダクトが含まれる場合にも対応できるように考えられている。そのため Scrum@Scale では、複数チームをどのように構成するかについてかなりの自由度がある。

同一のプロダクトを扱っているチームは同じ SoS として括り、この単位でスケールさせていく。1つの SoS における最適なチーム数は4〜5であり、これ以上になる場合は複数の SoS を束ねる SoSoS(Scrum of Scrums of Scrums)を作る。SoSoS においても、最適な SoS 数は4〜5だ。これ以上になる場合は、SoSoS を1つのグループとして扱い、グループを増やしていく。

各 SoS でバックログを共有し、イベントのタイミングを同期させると効率がよい。一方で、関係が薄く緩やかな調整が必要なチーム同士は、異なる SoS に所属させたうえで、同じ SoSoS の下に配置する。関係がより薄いなら、別のグループであっても問題ない。

上述した2つのサイクルのうちスクラムマスターサイクルは、これらのスクラムチームで構成した組織全体が効率的に、より速く仕事を完了できるようにするための活動だ。このスクラムサイクルのハブであり、全チームに対してスクラムマスターの責任を果たすのが「エグゼクティブ・アクション・チーム(EAT)」である。

スクラムでは、スクラムマスターがチームの障害を取り除く役割を担う。Scrum@Scale では、チーム内で解決できなければ SoS にエスカレーションし、それでも解決できないなら SoSoS にエスカレーションする。それでも解決できなければ、EAT が解決する。

大規模な組織では、チームの障害を取り除くのに組織全体の政治的あるいは財務的な権限が必要になる場合がある。Scrum@Scale では、このためのエスカレーションパスが明確になっている。

もう1つのプロダクトオーナーサイクルは、各チームがどんな価値を生み出すべきかに注目する。Scrum@Scale では、SoS 単位で共通のプロダクト

バックログがあり、1人のプロダクトオーナーを配置する。複数のSoSが
ある場合には、プロダクトオーナーによるチームを作り、チーフプロダク
トオーナーを選任する。SoSoSを作ったり、さらにグループ化したりする
場合には、より上位のプロダクトオーナーチームを作ることになる。

　プロダクトオーナーサイクルのハブになるのが「エグゼクティブ・メ
タ・スクラム（EMS）」だ。EMSは、組織全体のビジョンや優先順位を話し
合う場として設置する。

　このスクラムマスターサイクルとプロダクトオーナーサイクルは、組織
内のすべてのチームがスクラムを実行し、効率的に機能するために実施す
る。LeSSが、スクラムの仕組みそのものを拡大適用して、複数チームを連
携させるプラクティスなのに対し、Scrum@Scaleは組織全体の視点からス
クラムチームを効率的に機能させるために体制やプロセスを整備するため
のプラクティスを提供している。

　どちらも重要な視点であり、参考になる。例えばScrum@Scaleにおけ
るSoSやSoSoSの運営は、LeSSやLeSS Hugeのルールが非常に参考にな
るだろう。

Scaled Agile Framework（SAFe）

　Scaled Agile Framework（SAFe）は、ディーン・レフィングウェル氏が提
唱した手法で、大規模組織全体をアジャイル化することを目的にしてい
る。そのためリーン、スクラム、DevOpsといったアジャイル開発に必要
なさまざまな手法やプラクティスを統合的に取り込んでいる。なおSAFe
では、バージョン4からスクラムを正式に取り込んだため、スクラムの用
語がSAFeの用語に置き換えられている。本書ではSAFeの概要を理解す
ることを目的とするため、SAFeの用語ではなく、あえてスクラムの用語を
使って説明する。

　SAFeでは、複数のチームを管理する概念を「アジャイル・リリース・
トレイン（ART）」と呼ぶ。このARTは、1つのプロダクトを開発するため

のチーム群を束ねる仮想組織だ。プロダクト運営を実現するには、システム機能の企画、設計、開発、テスト、リリース、運用などのすべての要素が必要になる。

　一連の要素を1つの部門が担う組織体制でないと、部門間のコミュニケーションが問題となり、スピードが遅くなりがちだ。ARTは、プロダクト運営に必要な流れ（バリューストリーム）を定義し、その各工程で必要な人材を各部門から集めた仮想組織として定義する。ARTは5〜12チームで構成し、各チームは5〜9人である。さらにスクラムマスターやシステムアーキテクト、プロダクトオーナーが加わることで、50〜125人程度の規模になる。

　ARTは「プランニングインターバル（PI）」と呼ぶ8〜12週間の期間を繰り返して実現する。1つのPIは、全チームが参加するPI計画から始まり、5つのスプリントによって構成する。5つのスプリントのうち4つめは開発のために、最後の5つめは「イノベーションと計画（IP)」スプリントと呼び、PI内の振り返り・改善や次のPI計画を準備する。

　ARTは、ARTバックログによって管理し、それがPI計画を通じて各チームのバックログに分割していく。当然、ART内のすべてのチームは同じPI内で作業を行う。

　SAFeは金融、医療、政府機関など、厳しいガバナンスが求められる業界を想定している。そのためARTによってリリースに向けたプロセスを明確に定義し、2〜3カ月という期間（PI）で計画と実行を繰り返すようになっている。スクラムは、あくまでもチーム単位での活動サイクルとして定義しているだけで、異なる手法を適用しても問題ない。

大規模アジャイルの選択

　SoS、LeSS、Scrum @ Scale、SAFeという4つの手法について紹介した。大企業がスクラム導入に成功し展開していくと、複数チーム体制になることは間違いない。その際には、以下のポイントを意識しながら、適切な手

法を採用もしくは参考にするとよい。

- チーム間は、どの程度、整合性を取る必要があるか？
- 個別チームで解決できないような障害が発生しやすいか？
- プロダクトバックログの準備に、どの程度の時間と関係者が必要か？

■ 図表2-7　主な大規模アジャイル手法

名称	概要
SoS	各チームの代表者が集まっていろいろなことを調整する、というシンプルな手法。特に明確なルールもないため、緩やかに連携するチーム同士が、適切なタイミングで調整する場合に適用できる。
LeSS	1つのプロダクトを複数チームで開発する場合に適用できる。Scrumの概念を純粋に複数チーム向けに拡張するためシンプルで分かりやすい。しかし実際の適用に当たっては、プロダクトオーナーの作業負荷やスプリント中のチーム間の整合性など書かれていない部分に注意が必要だ。
Scrum@Scale	組織単位でスクラムを導入し、複数のプロダクトを管理するような場合など、柔軟な構成が実現できる。スクラムは、あくまでもチームのためのもので、そのチームを機能させるために、組織として障害を解決するためのスクラムマスターサイクルと、価値を定義するためのプロダクトオーナーサイクルが用意されている。一方で、柔軟であるがゆえに、導入時や展開時にはノウハウが必要になる。
SAFe（ART、PI）	強力なガバナンスが必要なプロダクトをアジャイルで開発する場合に適用する。当該プロセスの運営に必要なプロセスをあらかじめ定義（ART）し、複数のチームを2〜3カ月単位（PI）の計画と実行で動かしていく。スクラムは、SAFeの枠組みの中で個別チームのプロセスとして適用可能になっている。比較的、計画主導な側面が強く、スピード感に欠けるという指摘もある。

第 3 章

クラウドと
DevOps

3-1

すべてをサービス化する

　2006年、当時 Google の CEO（最高経営責任者）であったエリック・シュミット氏がサーチエンジン戦略会議で次のような発言をした。

　「データとアーキテクチャーはサーバー側にあるべきです。我々は、それをクラウドコンピューティングと呼んでいます。どこかの雲の中にあるのです。ブラウザーか、何か適切なアクセス方法を持っていれば、その雲にアクセスできます」

　この発言によってクラウドコンピューティングという言葉が大きく広がった。これは Google のビジネスモデルの優位性を示すものだ。Google のサービスを使うのに、ユーザーは何かをインストールする必要も、利用料を支払う必要もない（当時は iPhone も Android も発売されていない）。雲の向こうにある大量のコンピューティングパワーによって、サーチエンジンは飛躍的に進化したが、その費用は広告という間接的な手段によって賄われている。

　そして同年に米 Amazon Web Services（AWS）が仮想サーバーサービス「EC2（Elastic Compute Cloud）」のサービスを開始し、ユーザー自身が利用できるパブリッククラウドが注目を集めるようになる。

　一般企業においても、クラウドの利用は拡大している。特に 2019 年末からの新型コロナウイルス禍でのリモートワークの広がりなどを受けて、インターネット越しの利用を前提とするクラウドサービスは急速に受け入れられた。

総務省が公表した「令和5年通信利用動向調査の結果」によれば、77.7%の企業がオフィス製品などを中心にクラウドサービスを利用しており、採用理由としても「場所、機器を選ばずに利用できるから」「資産、保守体制を社内に持つ必要がないから」「安定運用、可用性が高くなるから」といった理由が上位になっている。ちなみに「既存システムよりもコストが安いから」という回答は20.8%に過ぎなかった。直接的な価格メリットよりも、管理コストの低減や、質の向上といった面が評価されている。

クラウドの定義

改めてクラウドコンピューティングについて整理しておこう。NIST（米国国立標準技術研究所）の定義（NIST SP 800-145, The NIST Definition of Cloud Computing）によると、クラウドコンピューティングとは、オンデマンドで利用できる共有コンピューターリソース（例：ネットワーク、サーバー、ストレージ、アプリケーション、サービス）に、インターネットを介して簡単にアクセスできるモデルとされており、次の5つの特性を持つ。

- **オンデマンドセルフサービス**：ユーザーが自分で必要な計算リソース（ストレージや処理能力など）を自動的に調達できる。
- **広範なネットワークアクセス**：インターネットなどのネットワークを介して、リソースに広範囲にアクセスできる。
- **リソースのプール共有**：複数のユーザーがリソースを共有し、ユーザーごとに物理リソースが固定されない。
- **迅速な弾力性**：リソースが迅速に増減でき、ユーザーのニーズに応じて柔軟に対応可能。
- **サービスの計測（メジャードサービス）**：使用されたリソースの量が適切に測定・監視され、透明性のある請求や最適な利用が行える。

配置としてパブリック、プライベート、ハイブリッドが、サービスモデルとしてはSaaS、PaaS、IaaSが定義されている。配置というのは、クラウドコンピューティングの管理主体を意味する。パブリッククラウドとは、AWS、Microsoft、Googleなど外部のクラウドベンダーが提供するクラウドサービスだ。プライベートクラウドとは、自社のデータセンターなどで運用するクラウドサービスになる。ハイブリッドクラウドは、両方を組み合わせてクラウドサービスを提供することを意味する。

　ニコラス・G・カー氏は著書『ビジネスモデル構築の大転換 クラウド化する世界』(村上彩 翻訳・原著、翔泳社)で、パブリッククラウドサービスを発電網にたとえた。発明家トーマス・エジソン氏は白熱電球を発明したが、その普及を後押しするには一般家庭向けの発電網が必要だと考えていた。当時、電気を利用するために発電機を持たねばならなかった時代だったからだ。送電網を整備し、発電所から各家庭まで電気を届けることができれば、膨大な白熱電球の需要が発生する。

　しかし、よく知られているようにエジソン氏は直流発電にこだわった。直流(DC)は高電圧に変換する技術が難しく、送電時に大きなエネルギーロスが発生するため、長距離送電には不向きだった。そのため送電網を広げることができなかった。

　一方、交流型発電機であれば変圧器で容易に電圧を上げ下げできるため、エネルギーロスを抑え、効率的に長距離送電が可能だった。競合会社であったWestinghouseが交流発電の技術を用いて、送電網を一気に広げていく。結果として交流発電が主流となるわけだが、後発となってしまったエジソン氏が、それでも電気事業の勝者になれたのは幾つかの要因があり、商業的な成功には電気メーターの存在が大きかったといわれている。

　1881年、エジソン氏が最初の商業用発電所をニューヨークで設立する際、電気メーターを商業ベースで実用化し、従量課金を可能にした。Westinghouseは定額課金であった。のちにWestinghouseが従量課金制に移行したところ、収入は変わらず、電力使用量が半分になったそうだ。そ

れだけ従量課金によって需給バランスを調整することに大きな意味があり、商業化のための重要な要素であったことが分かる。

クラウドコンピューティングも、コンピューティングパワーを従量課金型で利用できるようにした。コンセントに差すだけで家電が使えるように、パブリッククラウドサービスであれば、ユーザーはコンピューティングパワーを「誰に依頼することもなく（セルフサービス）」、「欲しいと思ったときに（オンデマンド）」で利用できる。

クラウドを利用することで、誰もがITを使った新しいサービスを顧客に提供できるようになった。しかも、ビジネスの成長に合わせてインフラ費用を適正化できる。クラウドによって、さまざまなITベンチャーが生まれ、現在のサブスクリプション型ビジネスにつながっていく。

クラウドコンピューティングの3つの分類

NISTのクラウドコンピューティングでは、サービスモデルを3つに分類している。

- **SaaS**(Software as a Service)：ソフトウエアがインターネット経由で提供される。
- **PaaS**(Platform as a Service)：アプリケーションの開発やデプロイが行えるプラットフォームが提供される。
- **IaaS**(Infrastructure as a Service)：コンピューターインフラストラクチャー(サーバー、ストレージ、ネットワークなど) が提供される。

これらの違いについて理解を深めよう。ITシステムは、幾つかの要素の階層によって成り立っている。代表的なのは**図表3-1**に示した7つの階層だ。

■ 図表3-1　クラウドサービスの階層

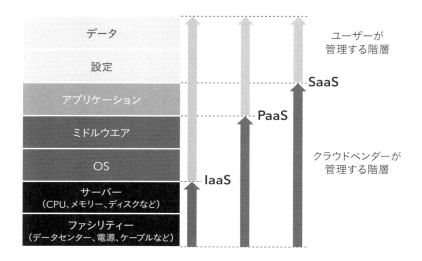

　まず最下層に、土台となるデータセンターや電源、ケーブルといったファシリティーがある。そこにサーバー(CPU、メモリー、ディスクなど)を設置し、さらにOSをインストールする。次にアプリケーションを稼働させるため、アプリケーションの実行環境（JavaVMや.NET Frameworkなど）やデータベースなどのミドルウエアをインストールする。そしてアプリケーションを配置し、適切な設定を行って起動する。システムが稼働し、ユーザーが利用を開始すれば、データが蓄積されていく。

　かつては、ユーザーがすべての階層を管理することも一般的だった。オフィスの一角に電算機室があり、ファシリティーからすべて管理したため、ビルの停電などは大きなイベントだった。その後、データセンターが増えてくると、データセンター内の一角をレンタルしたうえで、ユーザーがデータセンターに入場して、配線やサーバー設置を行うようになった。その経験がある人なら、常に甲高いファンの音が響き、乾燥していて寒く、真夏でも着込んでいないと風邪を引くほど、サーバーに優しく人間に厳しい環境であることを覚えているだろう。

パブリッククラウドサービスが一般的になった後は、多くのユーザーがファシリティーやサーバーを見ることもなくなった。サービスモデルとは、クラウドベンダーに任せる階層の違いを意味する。IaaSはサーバーまで、PaaSはミドルウエアまで、SaaSはアプリケーションまでをクラウドベンダーが提供する。一般にクラウドベンダーに任せる階層が増えるほど料金は高くなるが、ユーザーが管理すべき対象が減っていくため、便利になっていく。

ユーザーにとって、クラウドベンダーに任せるのは、システムの稼働について責任を共有しているともいえる。「責任共有モデル」という考え方がある。これは、主にセキュリティーについてクラウドベンダーとユーザーが、どういった形で責任を分担しているかを明確にするための概念だ。クラウドベンダーは「クラウドサービス"の"セキュリティーに責任」を、ユーザーは「クラウドサービス"における"セキュリティーに責任」をそれぞれ持つ。

IaaSであればハードウエアの管理はクラウドベンダーが、その上のOSの管理はユーザーがそれぞれ行う。つまり、ハードウエアレベルのセキュリティー、例えばデータセンターへの直接的な侵入や盗難を防ぐ責任はクラウドベンダーにある。

一方で、OSのパッチ適用はユーザーの責任になる。OSのパッチ適用を怠ってハッカーの侵入を許せば、ユーザーの問題とされる。同じようにPaaSであれば、ミドルウエアまでの階層はクラウドベンダーが、その上のアプリケーションなどはユーザーがそれぞれ管理する。SaaSなら、アプリケーションまでをクラウドベンダーが管理する。ユーザーが管理するのはその上の設定やデータだけだ。

最も重要なPaaSの階層構造

サービスモデルの中で最も重要なのがPaaSだ。例えばリレーショナルデータベースサービスを考えてみよう。AWSのAmazon RDS、Azureの

Azure SQL Databaseなどが該当する。

　従来の考え方でデータベースを利用する場合は、**図表3-2**左のような形になる。ユーザーがIaaSである仮想サーバーのOSの上にデータベース製品をインストールし稼働させる。これでデータベースサーバーを構築できる。

■ 図表3-2　データベースサーバーの構成

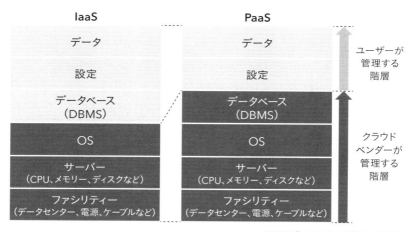

DBMS：データベース・マネジメント・システム

　PaaSの場合、データベースまではインストール済みの状態で提供される。これはデータベースサーバーをレンタルしているのとは根本的に異なる。

　例えば、重要度の高いデータベースを考えてみよう。一般に、そういうデータベースには「クラスター構成」を適用する。クラスター構成はクラウドの登場前から用いられてきたアーキテクチャーだ。

　データベースでは、複数台のデータベースサーバー（ここでは稼働系Aと待機系Bの2台とする）と別のストレージサーバーを用いるケースがある。この場合、データをストレージサーバーにも配置し、2台のデータベースサー

バーを接続する。そのうえで通常時は、データベースサーバーAからストレージサーバーにアクセスしてデータを利用する。ここでもしデータベースサーバーAが障害を起こして停止すれば、クラスター機能が働いてデータベースサーバーBに切り替える（フェイルオーバー）。

データベースの安全性をさらに高めるには、遠隔地にデータベースサーバーを配置したり、データのバックアップを自動化したりする。このような複雑な構成になると、サーバーやネットワーク機器などかなりの規模の仕組みが必要になる。

では、PaaSのデータベースサービスではどうなるだろうか。クラスター構成の開始はクリック1つだ。解除もクリック1つで済む。バックアップの世代数を増やしたい、データを国内の遠隔拠点にもコピーしたい、あるいは海外拠点にもコピーしたい、性能を上げたい／下げたい。そんな場合、幾つかの項目を管理画面で入力し、クリックするだけでいい。あるいは障害が発生しても、データベースとしての継続性はクラウドサービスが保証してくれる。

PaaSは「ミドルウエアを搭載したサーバーのレンタルサービス」ではなく、「ミドルウエアの機能だけを利用するサービス」である。そのため、ミドルウエアの機能の利用に必要なサーバーやネットワークの構成、それらの維持やメンテナンスは、すべてクラウドサービスがになってくれる。

AWSがリレーショナルデータベースサービスの提供を始めたのは2009年だ。ただ、このPaaSの概念は、その後、大きな進歩を遂げていき、ミドルウエアに限らず、システム運用に関わる大部分を自動化していくことになる。

■■■ アジャイルとシステム運用

第2章に書いたように2001年からアジャイル開発が注目され、システム要件の変化を受け入れながら開発することが一般的になってくると、当然

システムの運用にも大きな影響を及ぼすようになってくる。しかし運用に関わる変更は、コードの変更に比べて容易ではない。その顕著な例がサーバーの増設である。一昔前なら、サーバーの増設は数カ月がかりだった。

それではとても間に合わないので、予備のサーバーを購入しておいたり、最初からある程度のバッファーを持ってシステムを構成したりしていた。こうした点においてクラウドサービスは大きな影響を与えた。サーバーを一瞬で増設できるようになったからだ。

しかしシステム運用の観点からすれば、そんなに簡単ではない。サーバーを増やすだけでは、システムの構成は適切に変更されない。ネットワークルーティングはどうするのか、アプリケーションの配置はどうするのか、増やしたサーバーをどうやって監視するのか──。インフラの変更に合わせてさまざまな運用視点からの作業が必要になる。

■ アジャイルなシステム運用とは

まさに、こうした課題から運用の視点でアジャイルに取り組む動きが出てくる。2008年、カナダのトロントで開催されたアジャイルコミュニティーのイベント Agile 2008 ではインフラ担当者が「Agile Infrastructure & Operations」という講演を行った。この講演は政府系システムのデータセンター移行プロジェクトにスクラムを適用した事例発表だった。

この講演に影響を受けたメンバーを中心に「Agile System Administration」というコミュニティーが作られ、アジャイルなシステム運用に注目が集まっていく。

そして、2009年のイベント「Velocity 2009」にて写真共有サイト Flickr の開発エンジニアと運用エンジニアが「10+ Deploys Per Day : Dev and Ops Cooperation at Flickr」と題した講演をした。Dev は開発担当者、Ops は運用担当者を意味する。これが大きなきっかけとなり、前述のアジャイルコミュニティーが中心となって同年にベルギーで Devopsdays Ghent 2009

というイベントを開催した。ここから「DevOps」という言葉が広がっていく。

　Flickrのエンジニアが行った講演は、現在でも共感できる課題提起と、その解決策が整理されているので、ぜひ紹介したい。

　講演は「開発部門と運用部門は仲が悪い」というところから始まる。従来型のIT部門では、開発部門と運用部門が分離されている。これは、それぞれの目的が異なるからだ。多くの場合、複数の開発部門が開発したアプリケーションを、単一の運用部門がサーバーに配置し、ITサービスとして稼働させる。運用部門の目的はITサービスの安定稼働であり、障害数がKPI（重要業績評価指標）になる。

　運用部門が障害数を減らすのに効果的な方法がある。それは、稼働しているシステムに変更を加えないことだ。安定したシステムでは、何かを変更することこそが、障害発生の要因になる。とはいえ、一切の変更をしない、というわけにもいかない。

　そこで運用部門は、改修したアプリケーションなどのリリースにあたって、その変更がITサービスの安定性に影響を与えないことの証明を開発部門に求める。修正内容の影響範囲、テストの実施結果、性能試験やセキュリティー試験の結果、リリース手順および切り戻し（元の状態に戻すこと）手順、正常確認手順などの提出とレビューなどだ。それらを数日前もしくは数週間前には提出させる。結果として、リリースの手続きは重厚長大になりやすい。

　もしリリース後に障害が発生すれば、運用部門は「開発部門の作ったコードが原因ではないか」と言い、開発部門は「（運用部門が管理している）サーバーに問題がある」と言う。仲が悪くなるのも当然だ。

　一方、アジャイルが注目され、システムの数とリリース回数は飛躍的に伸びていた。さらに、24時間稼働のサービスになるとリリース時のシステム停止はビジネス機会の損失につながってしまう。

　では、どうすればいいか。Flickrのエンジニアは講演で「ツール」と「文

化」の2面からアプローチすべきだと伝えた。文化については、「リスペクト」「信頼」「健全な態度」「非難しない」といった開発部門と運用部門がビジネス成果という共通の目標に向かって相互に協力し合うことを挙げている。

　前者のツールとして、講演では以下の6つを挙げた。和訳は筆者が現代的な用語に置き換えたものだ。

- インフラの自動化（Automated Infrustracture）
- バージョン管理の共有（Shared version control）
- CI／CD（One step build and deploy）
- フィーチャーフラグ（Feature Flags）
- メトリクスの共有（Shared metrics）
- チャットボット（IRC and IM robots）

　以降では、これらのうちインフラの自動化、バージョン管理の共有、CI／CDのツールの紹介を通じて、クラウドサービスを前提とした運用のあり方を解説する。

インフラの自動化

　まずはインフラの自動化だ。クラウドは、サーバーやネットワークなど、すべてが仮想化されている。前述したように「ボタン1つ」で利用できる。その裏側はすべて自動化されており、ソフトウエアの設定変更によってサーバーが仮想的に起動する。であれば、そのボタンの機能を運用管理ツールなどから呼び出せるようにする（アプリケーション・プログラミング・インターフェース＝APIとして提供する）ことで、ボタンを押す作業自体を自動化できる。

　前述したようにサーバーを増やすだけでは、システムの構成は変更され

ない。同時にネットワークや監視など、さまざまな設定変更を連動させる必要がある。この一覧の流れを自動化するのがインフラ（構成）の自動化だ。

これに利用するのが「Infrastructure as Code(IaC) ツール」と呼ばれているものだ。その名の通り、インフラをコードで管理する。まず「インフラの構成」を設定ファイルによって定義する。インフラに対して新たな変更を加えたい場合は、設定ファイルを変更し、新たな構成を定義する。IaC ツールは設定ファイルを読み込み、現状の構成と、新たな構成の差分を自動的に検出し、その差分を埋めるための処理を行う。

代表的な IaC ツールとして、Terraform や AWS CloudFormation、Azure Resource Manager などを挙げることができる。各ツールは独自の設定方法を持つが、クラウドの構成要素を、それぞれの設定パラメーターとして管理できる。

設定パラメーターは、コードと一緒にテキストファイルで定義されるため、バージョン管理することも可能だ。バージョン管理ツールの履歴を見れば、どのように構成を変更してきたかが、すべて記録されている。

そのため、IaC ツールを利用すると以下のようなメリットがある。

- 現状のインフラ構成を正確に把握できる
- インフラ構成の変更履歴が残る
- 異なる環境で同じインフラ構成を再現できる

これによってインフラ構築においても、ソフトウエア開発と同じようなトライアル・アンド・エラーが可能になる。従来型のインフラ構築は、個別のハードウエアに対して設定するもので、それらを個別には管理できても、統合的に管理するのは簡単ではなかった。複数の機器をまたがるような設定変更を何度もやり直すことは困難だった。

しかしクラウドによってインフラ構成全体が仮想化されたことで、すべてを統合的に設定として管理できるようになった。あとは、それをコード

で表現するだけでよい。まさに「Infrastructure as Code」である。

　IaCツールを使うことで、インフラ構築が非常に容易になった。アプリケーションエンジニアとしての経験しかない若手でも、サーバーやネットワークの増設程度であればトライアル・アンド・エラーをしながら、あっという間に習得してしまう。構成として矛盾があれば、クラウドサービスが「その設定はできない」というエラーを返してくれる。

　もちろんネットワーク構成全体やセキュリティーに関わる点など、重要な内容はインフラや運用管理の専門家が担当すべきだが、個別システムのちょっとしたインフラ変更であれば、アプリケーション開発者でも十分に対応できる。

　同じインフラ変更を何度でも再現できるのも大きなメリットだ。開発環境で何回か確認し、その内容に問題ないことが分かれば、本番環境に適用したときに単純な抜け漏れが発生することはない。開発環境と本番環境の設定や構成を可能な限り同じにしておけばミスは少なくなる。もちろん開発環境のコストを抑えるためにマシンパワーを低くする、といった変更もコードで表現できる。

■ バージョン管理の共有

　コードを単一のバージョン管理システム上の1つのリポジトリで管理し、すべての環境で同じコードを利用できるようにする。その際に利用するのが、Gitに代表される分散型バージョン管理システムである。

　それ以前は集中型バージョン管理システムが一般的だった。CVS（Concurrent Versions System）、Subversion（SVN）、VSS（Visual SourceSafe）といったツールが代表的だろう。これらのツールでは、ソースコードの履歴と状態は、すべて1つの中央リポジトリで管理される。開発者はこの中央リポジトリに接続して、ソースコードをファイル単位でチェックアウト（取得）し、変更をコミット（登録）する。

この方法は、変更の履歴管理を中央リポジトリでしかできないうえに、複数のエンジニアが同時並行でさまざまな変更を加えていくような開発スタイルには不向きであった。

1990年代後半からインターネットを通じたオープンソース開発が増えてくると、開発効率性が非常に悪いことが大きな問題になってきた。そのため利用されるようになったのが分散型バージョン管理システムだ。分散型では、それぞれの開発者が、中央リポジトリのスナップショットのコピーをローカルに保持し、そのローカルリポジトリに対して変更をコミットする。そして、そのローカルリポジトリの変更を履歴ごと中央リポジトリにプッシュ（反映）する。

また「ブランチ（分岐）」と呼ぶ機能があり、ソースコード管理を分岐させて、別々に管理できる。例えば複数の変更要求がある場合、まずはメインとなるコードをベースに、変更要求ごとにブランチを作り、それぞれで開発を行う。それぞれの開発においては、変更要求に応じた変更しか発生せず、他の変更要求が入ってくることはない。それぞれで作業が完了したら、それらのブランチを1つひとつメインに対してマージ（統合）していく。このマージ処理では、ファイル単位でコードの差分を自動的に反映していく。もし行単位でマージ処理がコンフリクト（衝突）した場合には、マージは停止され、人間が解決することが求められる。

このように分散型管理では、ブランチやマージといった機能があるため、管理の複雑さが増しているように感じる。しかし複数のエンジニアによる同時並行作業においては、非常に安全な作業環境を提供できる。

最も有名なGitは、Linuxの開発のためにリーナス・トーバルズ氏らが作ったものだ。もともと利用していた分散型バージョン管理システムが商用であり、ライセンスの問題で使用できなくなったため、自ら開発した。

GitはGPLv2（GNU General Public License version 2）というライセンス形態のオープンソースとして提供されており、安全性や性能面で革新的な仕組みとなっているため、ソースコード管理のデファクトスタンダード（事実上の

標準）となった。GitHubやGitLabなどは、Gitリポジトリをオンラインでホスティングするサービスの名称だ。それぞれのサービスは独自の追加機能を備えており、Webベースのユーザーインターフェース、コードレビュー、課題管理、プロジェクト管理、CI／CDなどを提供している。

　ブランチ戦略は、チームが効率的に並行して作業し、コードの安定性を保ちながらソフトウエアを開発するために、どのようにブランチを運用するかを計画・管理する手法だ。ブランチ戦略を適切に設計することで、複数人が同時に異なる作業を進めつつ、コンフリクトの発生を防ぐことができる。Git Flow（Gitフロー）、GitHub Flow、GitLab Flow、Trunk-Based Development（トランクベース開発）、リリースブランチモデルなど、開発対象のプロダクトの特性やチームの成熟度によって適切なものを選択する必要がある。

CI／CD

　サーバーを追加しシステム構成に組み込んだら、次はアプリケーションのリリースを行う必要がある。そのために必要なのがビルドとデプロイの自動化だ。ビルドはソースコードをまとめてアプリケーションにするプロセスをいい、デプロイとはアプリケーションをサーバー上で稼働させるプロセスを指す。従来であればリリース手順に当たるものだ。

　このために利用するのがCI／CDツールと呼ばれるものだ。CIとは継続的インテグレーション、CDは継続的デリバリーの略である。

　CIは、コードをビルドし、テストを行うサーバー上にデプロイすることを意味する。これは開発中の最新のコードを常にアプリケーションとして稼働させることによって早期に問題を発見するためのアプローチだ。

　もう1つのCDは、本番環境へのデプロイを意味する。従来のシステムであれば、リリース手順書を作成し、毎回その通りに手作業をしてリリースしていただろう。インフラが仮想化されたことで、この手順の多くを自

動化できるようになった。

　CI／CDツールはアプリケーションのビルドとデプロイの手順を「パイプライン」として管理する。パイプラインとは一連の処理の流れをステップごとに整理したものだ。CI／CDツールはパイプラインが設定されたファイルを読み込み、該当のアプリケーションについてコードの取得から、ビルド、テスト、ビルドされたアプリケーションの転送、デプロイなどの一連の手順を実行する。

　CI／CDツールはアプリケーションのビルドとデプロイの手順を「パイプライン」として管理する。パイプラインとは一連の処理の流れをステップごとに整理したものだ。CI／CDツールはパイプラインが設定されたファイルを読み込み、該当のアプリケーションについてコードの取得から、ビルド、テスト、ビルドされたアプリケーションの転送、デプロイなどの一連の手順を実行する。

　CIは、コードをビルドし、テストを行うサーバー上にデプロイすることを意味する。これは開発中の最新のコードを常にアプリケーションとして稼働させることによって早期に問題を発見するためのアプローチだ。

　もう1つのCDは、本番環境へのデプロイを意味する。従来のシステムであれば、リリース手順書を作成し、毎回その通りに手作業をしてリリースしていただろう。インフラが仮想化されたことで、この手順の多くを自動化できるようになった。

　アジャイル開発になれば、週に1回どころか、Flickrは「1日10回以上」のリリースを行っているとしている。リリースを日常的な作業にするためにも、こうした自動化が必要になる。

　例えばGitHub Actions、GitLab CI、CircleCIなどのツールでは、設定によってさまざまな作業が自動化される。コードをソースコードリポジトリに追加することをきっかけにテスト環境にデプロイしたり、リリース時間になったら自動的にアプリケーションをデプロイしたり、インフラ変更手順を自動化したり、さまざまな用途で利用できる。

自動化を進める

　インフラの自動化およびCI／CDというツールによって起きるのは、イ
ンフラやデプロイ、さらに運用に関わる作業の自動化だ。これは非常に大
きな意味を持つ。では、このような自動化が行われている状態でシステム
障害が起きたら、どうなるだろうか。サーバーのCPU負荷が想定を超え
て上昇した場合の現場対応を描写した。

　　サーバーのCPU負荷が上がってシステムがスローダウンしている。
監視システムがこの状態を検知した。ボットが開発チームのチャッ
トグループに知らせてきた。
　　開発者の1人がチャットのメッセージに気づき、チャットのリンク
をクリックすると、メトリクスダッシュボードが表示された。CPU負
荷の上昇を確認したが、その原因はアクセスの集中ではないようだ。
アクセス数はいつもと同じぐらいだった。
　　「CPU負荷が上がった原因は何だ？」とメッセージを打つと、別
の開発者が「昼間にバージョンアップが行われたよ」と返してきた。
チャットを少し遡ると、ボットからのリリース報告があった。その
リンクをクリックしてリリース履歴を確認する。Gitで1つ前のリリー
スとの差分を確認すると、データベース言語であるSQLのコードに
ちょっとした条件が追加されている。コメントを斜め読みしただけ
だが、性能に影響が出る可能性がある。
　　「切り戻そう」。このメッセージに、開発チーム全員からOKスタン
プが返ってきた。クラウドサービスのコンソールにアクセスし、本
番サーバーに1つ古いバージョンのリリースを指示する。5分もする
と、チャットにボットからリリース完了の通知が来る。メトリクス
ダッシュボードを見ると、CPUがすっかり落ち着いていた。「今後の
対応のために振り返りをしよう」と、誰かがビデオチャットを始め

た。いいね、を押して参加した。

いかがだろうか。このレベルの自動化は未来の話ではない。すでに取り組んでいる企業は少なくないだろう。重要なのは、どこにも運用部門のエンジニアが登場していないことだ。では、運用部門は何をしているのか？

NoOpsそしてPaaS

DevOpsのような概念が広まることで、運用に関わるさまざまな作業が自動化されるようになってきた。この結果、「運用というものが不要になるのではないか」という議論が巻き起こる。その1つが調査会社の米Forrester Researchのアナリスト、マイク・グアルティエリ氏が書いたブログ「I Don't Want DevOps. I Want NoOps.」だ。

彼はまずDevOpsについて説明する（筆者が和訳）。

> DevOpsの目的は、アプリケーションのデプロイを迅速かつスムーズに行うプロセスの実現だ。DevOpsは、開発部門と運用部門の協力を実現するために登場しつつある緩やかなプラクティスの組み合わせである。

Flickrのエンジニアは講演で、開発と運用の協業について説いた。しかしグアルティエリ氏は、そもそも開発者と運用者が協力する必要すらなく、目指すべきはNoOpsだと主張する。

> NoOpsとは、デベロッパーは運用部門とまったく口を利く必要はないのだ。NoOpsとは、IaaSとPaaSによっていつでも必要なリソースを必要なときに獲得できるという楽園の実現である。

このブログは「運用部門・担当者なんか要らない」とも取れるため、多くの議論を巻き起こした。これに対して、実体験も含めて、NoOpsについての意見を書いたのが当時Netflixでクラウド化を推進していたアドリアン・コッククロフト氏だ。彼はブログ「Ops, DevOps and PaaS（NoOps）at Netflix」の中で、Netflixの運用体制を紹介しながら、その取り組みについて説明している。概要は以下の通りだ。

- Netflixの Dev（開発）組織にいる数人の DevOps エンジニアが自動化を推進している
- アプリケーションは NoOps（＝運用担当者の人手を介さず）でデプロイされ、障害が発生すれば数百人の開発者に直接通知がいく
- 開発者は運用でやりたいことがあれば、ツールを使ってセルフサービスで実施する
- Ops 組織はなく（＝ただのオペレーターはいない）、開発者が運用で何かしたいと思ったとき、Ops の人と話す必要はない
- 運用センター（NOC）はないが、インフラ基盤を管理しているチームはいる
- これを DevOps の進化版として PaaS（あるいは NoOps）と呼んでいる

つまり、運用部門の目的は「個別のシステムを運用すること」ではなく、「個別のサービスを開発者が運用するのに必要なツールを準備すること」に変わっていった。この自動化を推進する役割を DevOps エンジニアと呼ぶ。

一方で、全体のネットワーク構成やセキュリティー、あるいは、クラウドサービス全体の稼働を確認するためのインフラチームは当然、必要になる。以上のような変化が起きたのが DevOps から始まる一連の流れなのだ。

そして、この状態を示す言葉が「PaaS」だ。PaaS の意味する「プラットフォーム」というのは、単にシステムが稼働するための基盤を提供してい

るということではない。システムを運用するための基盤も提供しているこ
とになる。

　PaaSを理解し使いこなすことが、クラウド技術を活用するために非常
に重要なのだ。

コンテナ技術とPaaS

　PaaSの普及において、特に大きな後押しになったのはコンテナ技術の
存在だ。当初のPaaSはデータベースのような、最初から製品として存在
するものをサービスとして提供するイメージが強かった。

　しかし、それだけでシステムは構成されていない。独自のアプリケー
ションの運用も自動化していきたいと考えるのは当然だ。

　これは簡単ではない。アプリケーションの開発には、さまざまな言語が
あり、それぞれが前提としているOS、実行環境、設定ファイルなどが異
なる。これらの差分があるためにアプリケーションサーバーの運用自動化
は簡単ではなかった。仮想サーバーを立ち上げた後、アプリケーションに
適した各ソフトウエアをインストールしなくてはならないからだ。

　この問題を完全に解決したのがコンテナである。決定づけたのは2013
年に発表された、コンテナを実現するミドルウエアDockerである。Docker
はまたたく間に普及し、翌14年にはAWSの仮想サーバーAmazon EC2が
対応した。

　コンテナは、物流で使われるインターモーダルコンテナから命名されて
いる。インターモーダルコンテナとは、船、鉄道、トラックなど、複数の
輸送手段を積荷の積み替えなしで輸送する「インターモーダル輸送」を目
的とした箱であり、大きさや形が国際標準化されている。コンテナの中身
は、その中に入るものであれば何でもよい。

　同じようにコンテナの中には、どんな種類のアプリケーションでも入れ
られる。そのためにコンテナ技術は**図表3-3**の通り、アプリケーションと、

それを稼働させるためのミドルウエア、OSをパッケージングする。

■ 図表3-3　コンテナの位置づけ

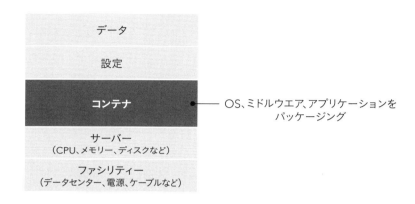

コンテナの中には、Java、.NET、PHP、Goなど、どんな言語のアプリケーションでも入れることができる。であれば、コンテナを起動し、管理するPaaSがあれば、どんな種類のアプリケーションでも対応できる。現在ではコンテナベースのPaaSが数多く提供されており、これを利用することが重要になっている。

コンテナとバッチ処理

　このコンテナ技術をうまく利用する事例として、バッチ処理における変化を紹介しておこう。
　バッチ処理とは、大量のデータやタスクを一括で処理する方式のことだ。特定の時間や条件に従って、まとめて処理を実行する。リアルタイムで逐次処理を行う「オンライン処理」と異なり、バッチ処理では処理をすぐに実行せず、一定のデータ量やタイミングがそろったところで一括して処理する。夜間に一括で処理を行う「夜間バッチ」などは多くの企業が採

用している。

　バッチ処理では、幾つかのバッチアプリケーションを順番に起動して処理を進めていく。従来の考え方であれば、バッチを動かすためのサーバーを作り、そこにバッチアプリケーションをすべて置いておく。そしてスケジューラーが、そのバッチアプリケーションを順番に起動していく。

　では、コンテナであればどうすべきか。コンテナに、すべてのバッチアプリケーションを置いておき、バッチ処理をするときだけ起動すればいいのだろうか？

　そうではない。バッチアプリケーション1つひとつを個別のコンテナにしまっておく。スケジューラーは、コンテナに対してサーバーをアサインし、バッチアプリケーションが処理を開始する。処理が終わったらサーバーごと停止するように設定しておく。もはや、バッチサーバーという存在が不要になるのだ。

　この方法がよいのは、単純にバッチサーバーが不要になるというだけではない。バッチアプリケーション単位で、必要なだけのコンピューターリソースを割り当てることが可能だ。大量のリソースを使うバッチアプリケーションであれば、強力なサーバーを何台も立ち上げて処理できる。こうすれば無駄なリソースが不要になる。

　つまり、「サーバーを準備してアプリケーションをインストールする」のではなく「準備してあるアプリケーション（コンテナ）に必要なパワーのサーバーを割り当てる」。サーバーが仮想化され、いつでも自由に準備できるようになったからこそ、考え方が逆になった。

3-2

クラウドとDevOpsに取り組む

　クラウドとDevOpsに取り組むには、従来型のシステム構成や運用プロセスに関する常識や考え方が邪魔になることのほうが多い。これまでのシステム構成や運用プロセスを、どのようにクラウドやDevOpsによって実現するのかを考えるのではなく、クラウドやDevOpsを前提にすることで、どのようなシステム構成や運用プロセスにすれば効率的かを考えなくてはならない。

　ここではクラウドとDevOpsに取り組むに当たり理解しておくべき原則や手法、概念について紹介していく。

クラウドネイティブアプリの作り方

　「The Twelve-Factor App」は、米Herokuの共同創設者の1人、アダム・ウィギンス氏が2017年に策定したクラウドネイティブアプリケーションの開発におけるベストプラクティスをまとめたガイドラインだ。

　Herokuは、アプリケーションのデプロイを簡易化することを目指したPaaSだ。DevOpsの自動化を突き詰めた仕組みで、Herokuの提供するビルドパックという形式に従って開発することによってコードをGitに登録するだけで、自動的にデプロイまで完了するような仕組みを持っている。

　ただし、この仕組みを有効に活用するには、特定の設計原則やプラクティスに従ってアプリケーションを開発することが求められた。そこで、ウィギンス氏はこの原則やプラクティスを広く知らしめるために12個の要素を定義したガイドラインを策定したわけだ。このガイドラインは、

Herokuに限ったものではなく、クラウドを活用するアプリケーションにとって汎用的なものであったため、広く知られるようになった。

以下がThe Twelve-Factor Appの12の原則である。

I. コードベース（Codebase）
II. 依存関係（Dependencies）
III. 設定（Config）
IV. バックエンドサービス（Backing services）
V. ビルド、リリース、実行（Build, release, run）
VI. プロセス（Processes）
VII. ポートバインディング（Port binding）
VIII. 並行性（Concurrency）
IX. 廃棄容易性（Disposability）
X. 開発／本番一致（Dev/prod parity）
XI. ログ（Logs）
XII. 管理プロセス（Admin processes）

　クラウド環境には、オンプレミス（自社所有）環境にはない柔軟性がある。しかし、その柔軟性をシステムとして享受するには、システムの構造を変える必要がある。特にクラウド環境の変更容易性、スケーラビリティー（拡張性）、自動化の観点に注目しながら、どのようにシステムに取り込んでいくのかについて書いていく。

インフラの変更容易性を利用する

　クラウド環境ではインフラ構成に柔軟性がある。これを生かすには、アプリケーションを複数の環境で動かせるように、環境に依存するような要素を分離して管理する必要がある。

これは従来、メンテナンス性の高いアプリケーションを構築するうえで重要とされてきた。ただオンプレミス環境では、インフラの変更が簡単ではなく、インフラが固定化されていることを前提に開発を行えた。しかしクラウド環境ではインフラ変更の制約が小さくなり、IaC ツールを利用することで環境をコピーすることも可能になった。

　そこで、よりアプリケーションの機能をインフラ要素と分離可能なように設計しておく必要が生じた。これに当たるのがII. 依存関係、III. 設定、IV. バックエンドサービスだ。

　まず、アプリケーションの中で利用するライブラリ（汎用のソフトウエア部品）や外部サービスへの依存を明示的に定義して管理する必要がある。これに利用するツールとして、Python は「pip」、JavaScript や TypeScript は「npm」、Java は「Maven」、C# は「NuGet」などが知られている。

　これらのツールは、アプリケーションが依存しているライブラリと、そのバージョンなどを設定ファイルで管理する。新たに参加した開発者であれば、ツールを利用することで依存するライブラリのインストールや設定が完了したり、ライブラリの変更などでも簡単に取り込んだりできる。

　次に、環境に依存するような設定情報をコードから分離し、環境変数で管理することが必要になる。ここでいう設定情報とは、データベース接続情報、API キー、認証情報など、環境ごとに異なる値になるものだ。これらを外部化し、環境ごとに値を切り替えることでアプリケーションモジュールを変更することなく動作できる。

　こうした考え方はセキュリティーの観点からも非常に重要だ。開発者は設定値を知る必要がなくなり、コードで管理することもなくなれば漏洩の懸念が小さくなる。パブリッククラウドでは設定のキーと値を環境ごとに管理するための専用サービスが存在する。AWS Systems Manager Parameter Store、Azure Key Vault といった製品が知られている。

　バックエンドサービスとは、アプリケーションが利用する外部サービスのことで、データベース、ストレージ、メッセージキューなどが含まれ

る。これらの外部サービスをリソースとして扱いアプリケーションコードと分離しておくことで、環境によってサービスの実態やパラメーターが異なっていたとしてもコードの変更が不要になる。

　例えばデータベースが本番環境ではクラスター構成にしたり、高性能になるよう設定したりすることなどが考えられる。これは依存性の管理や設定の外部化とも関係が深い。データベース接続ライブラリを依存性管理ツールで管理し、接続情報を環境変数として分離しておくのだ。

　このようにアプリケーションモジュールとインフラの要素を分離可能にしておくことで、クラウドの持つ変更容易性をアプリケーションが邪魔しなくなる。

インフラのスケーラビリティーを利用する

　オンプレミス環境の場合、サーバーやインフラの追加に時間がかかるため、システムを安定稼働させるには、システムのピークに合わせたリソースを事前に手配し準備しておく必要がある。そのため、ピーク以外の時間帯はリソースが無駄になる。また、事前の性能設計がうまくいかないとリソースが不足したり、過剰になったりすることが多くあった。ECサイトのようなコンシューマー向けに公開するようなサービスの場合、ユーザー数が急に増えたり減ったりすることも多く、リソース設計は難しかった。

　一方、クラウド環境では、リソースを必要に応じて動的に追加したり、減らしたりすることが可能だ。時には数十台、数百台といった規模でサーバーを用意することもできる。そのため事前に入念にリソース設計をするよりも、運用しながらリソースを増減していけばいい、という方法が一般的になってきた。

　クラウド環境の利点をさらに生かすには、スケールアウト／インに対応させたほうがよい。この点について解説しよう。

　まず、クラウド環境におけるリソースの増強・縮減には、スケールアッ

プ／スケールダウンとスケールアウト／スケールインの2種類がある。

スケールアップ／ダウンは、サーバーそのものの性能を上げる・下げることを意味する。サーバーであればCPU性能やメモリー容量を増やしたり減らしたりする、というものだ。サーバーのリソースがひっ迫したとき、スケールアップで対処するのは直感的に分かりやすいだろう。ただしアプリケーションを性能の異なるサーバーに載せ替える必要があるため、稼働しているサーバーを停止させ、新たにスケールアップしたサーバーを起動する必要がある。そのためスケールの変更に時間がかかり、頻繁に実施するのは困難だ。

これに対してスケールアウト／インは、サーバーの台数を増減させることを意味する。システムが複数のサーバーで動いている場合、サーバー群の手前に「ロードバランサー」と呼ぶネットワーク機器を配置し、ユーザーからのリクエストを複数のサーバーに対して均等に割り振る。ユーザーはどのサーバーにアクセスしているのかを気にする必要がない。

サーバーを増加させるには、サーバーを追加で起動し、ロードバランサーの振り分け先に追加する。逆に減少させる場合は、最初にロードバランサーの振り分け先から削除し、ユーザーからのアクセスがなくなった段階でサーバーを停止する。

このように対応することで、個別のサーバー単位のアプリケーションは起動や停止をしているものの、システム全体で見れば無停止でのリソース増強・縮減を実現できる。

クラウド環境ではスケールアウト／インに対応していることが望ましい。このために必要なのがVI. プロセス、VIII. 並行性、IX. 廃棄容易性といった要素だ。

まず、稼働するアプリケーション（プロセス）は「ステートレス」かつ「シェアードナッシング」である必要がある。「ステートレス」とは、ユーザーからのアクセスに対して、サーバーに状態（セッションデータ、ユーザーコンテキストなど）を保持しないという意味だ。例えばユーザーのログイン情

110

報を考えてみよう。ログインが必要なシステムでは、1度ログインしたユーザーに対して、その情報（ユーザーIDなど）をシステム内に保持しておく。

そしてログインユーザー単位で、期間限定のキーコードを発行し、そのキーコードをユーザーがリクエストに付加することで「誰からのリクエストか」が分かるようになる。

システム内では「キーコード」と「ログイン情報」を関連づけて管理する必要があるが、これをアプリケーションから独立させた外部のデータベースや共有メモリーに配置しておく。こうすれば、どのサーバーにユーザーがアクセスしても、ログイン情報を確認できる。

シェアードナッシングは、アプリケーション同士が物理的に共有したリソースを利用しないようにすることを意味する。例えば1台のサーバー上に複数のアプリケーションが起動している状態を避ける、という意味だ。

こうした特性を持つことで、サーバーがいつ増減しても、システム全体として見たときには処理の継続が可能になる。

並列性は、機能単位でアプリケーションを分離させ、性能の増減を可能にする設計だ。例えば、1つのシステムに必要なユーザー向けのフロント機能、管理者向けの管理機能、データを一括処理するためのバッチ機能があったとしよう。こうした機能群は、同じデータベース、データモデルにアクセスするため、コードを共有したほうが効率的だ。そのため、すべての機能を1つのアプリケーションに実装し、1つのサーバーで稼働させることがある。しかし、そんなつくりにしてしまうと、1つの機能へのアクセス集中が、他の機能にも影響を与えてしまう。例えば、バッチ処理が稼働している時間帯はその他の機能が遅くなる、といったことだ。

そこで機能単位でアプリケーションを分離させ、独立して稼働可能にする。そして、機能単位でサーバーに配置すれば、機能単位での性能の増減が可能になる。オンプレミス環境と違ってクラウド環境はサーバー台数の制約がないため、簡単に実現できる。この考え方は後述するマイクロサービスへとつながっていく。

ただし外部化しているデータベースなど、アプリケーションが並列稼働している場合にシステム内で単一で共有されているリソースがボトルネックになることも理解しておく必要がある。サーバー台数が増えることでデータベースの性能がひっ迫すれば、システム全体に影響を与える。また、ある機能にデータベースのあるテーブルを丸ごとロックするような処理がある場合、その処理によってすべてのサーバーの処理が直列化してしまうため、サーバー台数が増えても性能が上がらないことになる。

　こうした問題は、サーバー台数が少ないうちは判明しないが、ある台数に達した途端に大きな問題として顕在化することがある。並列性を確保するための構造には幾つかの特性があるため、注意して実装する必要がある。

　最後の廃棄容易性とは、アプリケーションの起動と停止を素早く行えるようにしておくことだ。サーバーの台数を増減させるときに、アプリケーションの起動や停止に時間がかかると、それだけリソースの増減が遅くなってしまう。

　ここまで解説したステートレスと並列性は、特に重要な設計原則である。これら2つの要素によってシステム全体としての柔軟性とスケーラビリティーが確保され、性能に関する問題が大きく改善する。

　とはいえ、性能設計が不要というわけではない。システム全体を無限にスケールアウトできるようにしようとすると、システム構成において考慮する範囲が広大になり、オーバースペックになってしまう。想定される範囲を決めて、その中でスケールアウト／インが可能なようにしておくべきだ。そして、性能試験を実施し、適切なスケールアウト／インが実現されることも確認しておく。もちろん、経年によってアクセス特性が変わってくるため、状況に合わせて対応していくのがよいだろう。

インフラの運用自動化を利用する

オンプレミス環境では、インフラの変更には物理的なハードウエアの制約を伴う。サーバーやネットワーク機器、ストレージなどの物理的なハードウエアがインフラの基盤となっているため、リソースを追加したり変更したりするには、ハードウエアの調達、設置、設定変更といった物理的な作業が必要になる。

これらの作業は複雑で、変更のたびに十分な計画が必要である。その実行には常にシステム停止のリスクが伴う。また、開発環境と本番環境ではコストや管理面から構成の差異があることも多く、双方に同じ変更を適用する場合にも不整合が生じやすく、これがさらに変更の困難さを増す原因となっている。これらの要素はスケーラビリティーの課題にもなる。

一方、クラウド環境では、ハードウエアが仮想化されたことで、DevOpsのようなムーブメントが起き、インフラや運用に関する作業の自動化が可能になっている。これを支えるものとして、IaC ツール、分散バージョン管理システム、CI／CD ツールを取り上げた。The Twelve-Factor App の中でもI. コードベース、V. ビルド、リリース、実行、X. 開発／本番一致などは、同じコードを複数の環境で稼働できるようにしたうえで環境に対するリリースを自動化することによって、そこでのミスや時間的なロスを排除することが重要であることを意味している。

この自動化をアプリケーションのリリースに適用したのが「ブルーグリーンデプロイ」という仕組みだ。従来のリリースは、現在のバージョンのアプリケーションが動いているサーバーを停止させ、新しいバージョンのアプリケーションをデプロイして、サーバーを起動するものだった。しかしクラウドであれば、実質、無限にサーバーを構築できる。であれば、新しいバージョンをデプロイするときに、現在のバージョンが動いているサーバーを停止させる必要がない。現在のサーバー（ブルー）を動かしたまま、新しいバージョンのサーバー（グリーン）を横に構築する。そして、新

しいバージョンのサーバーが稼働したら、ユーザーからのアクセス先をそこに切り替える。ユーザーから見れば、サーバーは新しいバージョンに変わる。その特性を整理すると以下の通りだ。

- 実質的に無停止でリリースできる
- 新しいシステムが正しく起動しない場合は、そのまま古いものを動かしていればよい
- 仮に切り替え後に問題が起きた場合、切り戻しを行える

　ブルーグリーンデプロイを発展させた「カナリアリリース」という手法がある。その昔、石炭を掘り出す炭鉱に鳥のカナリアを連れていった話をご存じだろうか。炭鉱は斜め下に向かって掘っていくが、石炭が取れる場所では天然ガスが噴き出すことがある。天然ガスは無臭で滞留すると酸素不足になったり、場合によって爆発したりする（だから、都市ガスには意図的に匂いをつけている）。そこで炭鉱の天井近くにカナリアを入れたカゴを吊るしておく。ガスが噴き出すと、天井に昇っていくので、カナリアが騒ぎ出す。それを合図に人間が逃げ出すのだ。これが転じて危機を察知するための小さな犠牲をカナリアと呼ぶ。

　カナリアリリースの場合、前述のブルーグリーンデプロイの中で、新しいバージョンのサーバーを準備したら、アクセスしてくるユーザーの5％だけを新しいバージョンに誘導する。そこでエラーが発生しなければ、順次、新しいバージョンにアクセスするユーザーを増やしていく。

　最初の5％のユーザーがカナリアだ。新しいバージョンに問題が見つかったとしても、残り95％のユーザーは影響を受けない。その5％も、少しすれば元のバージョンに切り戻される。

　もちろん、あらゆるシステムでカナリアリリースが有効というわけではない。しかし多くのシステムでは、数回エラーが出たとしても数分で正常に戻るなら、大きな問題にはならないだろう。全面的に停止させるより

も、はるかに企業としてのダメージは少ない。

なお3-1で説明したコンテナで稼働するサービスなどは、基本的にブルーグリーンデプロイになっている。逆にサービスを停止させてリリースするほうが、手順が増える。明示的に停止させる手順を踏まなければ、自動的に無停止リリースになる。

クラウド環境では、管理タスクやスクリプトをコード化して自動化することで、変更が容易になる。管理プロセスもコードで定義することにより、例えばデータベースのバックアップやメンテナンスタスクを自動で行えるようになる。また、クラウド上での管理プロセスはスケーラブルであり、必要に応じて複数のインスタンスで同時に実行することも可能だ。これにより、運用作業が効率化され、変更を速やかに適用する環境が整う。

クラウド環境では、クラウドサービスプロバイダーが課金根拠とするうえでも、高度な監視とロギングの機能が提供されている。これはアプリケーションからも利用できる。Amazon CloudWatchやAzure Monitor、Google Cloud's operations suiteなどのツールを使えば、インフラやアプリケーションの状況やパフォーマンスを常に監視し、問題が発生した場合には即座に把握できる。

Google発のシステム運用手法SRE

SRE（Site Reliability Engineering）は、Googleにおいてベン・トレイナー・スロス氏が2003年に立ち上げた運用チームに付けられた名前から始まった。2016年には同名の書籍が発行され、広く知られるところとなった。

SREもDevOpsと同じように、継続的に改善され続けるシステムの運用について、自動化や開発と運用の連携を重視している。DevOpsがツールをベースとした文化的な側面を重視しているのに対し、SREはシステムの信頼性を軸にソフトウエアエンジニアリングの活用に重きを置く。

SREの特徴は、システムの信頼性を効率的に確保する点だ。これを象

徴する部分を紹介したい。

エラーバジェットでリスク許容のバランス取る

SREではシステムの信頼性を測定可能にするため3つの指標を用いる。

まずSLA(Service Level Agreement) は、顧客やクライアントと合意したサービスの信頼性に関する合意だ。例えば「99.9％の稼働率を保証する」といった形で、ユーザーに対して提供するサービスの可用性のレベルを明示する。SLAを守れなかった場合には、停止時間分の利用金額を返金するなど、ペナルティー(サービスクレジットなど) が発生する。

SLO(Service Level Objective) は、SLAを実現するための内部的な目標だ。SLOはシステムのパフォーマンスや可用性に関して、社内で達成すべき具体的な数値を設定する。例えば「リクエストの99.95％が500ミリ秒以内に処理される」や「99.9％のアップタイムを目指す」といった目標が挙げられる。最後のSLI(Service Level Indicator) は、SLOを評価するための実際のメトリクス (指標) だ。「成功したリクエストの割合」「平均応答時間」「エラー率」といった具合に、システムの実際の状態を測定するために用いる。こうしたSLAやSLOが定義されているシステムは、オンプレミス環境でも多いだろう。

SREが特徴的なのは、このSLOに基づいて許容されるダウンタイムやエラー量を積極的に利用することだ。例えば99.9％の可用性をSLOとするシステムであれば、年間に約8.76時間のダウンタイムが許容される。

そこでこの時間を「エラーバジェット (エラー許容予算)」として管理し、開発チームと運用チームが、この予算を利用してシステムの改善を進めていく。もしエラーバジェットが残っている場合は、新機能のリリースや改善を優先し、リリース速度を上げていく。逆にエラーバジェットを使い切ると、機能リリースを一時停止させ、信頼性を改善するための作業 (バグ修正や安定性向上) を優先する。

このアプローチにより、信頼性を管理しつつ、システムの進化を止めることなく維持することが可能になる。

従来型の運用手法では、SLAやSLOが定義されていたとしても、障害をゼロにすることが目標になりがちだ。そうなると、システムの変更速度を遅らせることもいとわなくなってしまう。例えば新機能のリリースを非常に慎重に行うことが要求され、ダウンタイムや障害を完全に避けるために厳密なテストや段階的なリリースが求められる。結果として、リリース頻度は低くなり、リリースサイクルが長期化する。

障害を回避するためにシステムの価値などに関係なく、過度なリソース投入や複雑な冗長化、フェイルオーバー構成を採用することがある。もちろん、こうした仕組みがあったところで障害を完全に排除することは現実的には不可能で、コストと複雑性が高まることになる。

こうした文化に慣れている組織では、障害回避を重視するあまり、予期せぬ障害が発生すると、その対応がうまくいかないことが多い。大規模災害に備えたDR（Disaster Recovery）サイトが正しく機能しない、といったニュースは何回も目にしたことがあるだろう。

Googleがスピード感を持ってシステムを成長させリリースできたことには、システムの信頼性を定量化し、積極的に挑戦する仕組みを作ったことも大きいだろう。もちろん、こうした考え方を適用すべきでない業種やシステムも存在する。あらゆる状況においてエラーバジェットを運用すべきだとは思わないが、多くの企業システムでは障害をゼロにすることと、障害のリスクを許容してリリース速度を上げることについてのバランスを見直す必要があるだろう。障害はよいことではないが、障害を避けようとするあまり、システムの変化が必要以上に遅くなるのは企業にとって望ましくない。

トイルの撲滅で付加価値の高い仕事に集中

　SREでも自動化は重視されているが、その目的は「トイル（Toil）の撲滅」にあるとされる。トイルというのは「苦労して働く」「骨の折れる仕事」を意味する英語で、SREの文脈では、本番稼働に関係するもので、手作業で繰り返し行われ、価値が低く、作業量がサービスの成長に比例するような作業を示している。

　Googleは運用エンジニアの作業を、このトイルと、オーバーヘッド、エンジニアリングの3つに類別している。

　オーバーヘッドは、システム運用に直接は関係しないが、実施しなくてはならない管理作業、事務作業、チームミーティング、トレーニングなどを意味する。これに対してエンジニアリングは、ツールを利用してトイルを削減したり、システム稼働環境を改善したりするような作業を指す。

　SREエンジニアはエンジニアリングに費やす時間を50％以上確保するようにする。トイルを削減することで、エンジニアはより付加価値の高い仕事に集中でき、システムの信頼性やスケーラビリティーを向上させることが可能になる。

　多くのトイルは緊急度の高い割り込み作業、オンコール、リリース作業によって発生するが、それらは「気を許すと急増する」ことがあるため、常に作業割合に気を配る必要がある。これは単純に「運用作業を自動化する」という表現だけでは、効率的な自動化が行われない可能性があることを意味している。例えば、ユーザーからの問い合わせによって月に1回ぐらい行うような運用作業があったとしよう。これが自動化できる作業であっても、単体で見れば積極的に対応すべきものではないかもしれない。しかし、このような作業がエンジニアの作業時間の大半を占めるようになると大きな問題になる。

システム障害を学びの機会に

SREでは、障害は避けられないものと認識し、発生時にはそれを最大限に活用してシステムやプロセスの改善につなげる姿勢を取る。障害の発生時には素早い復旧が求められるが、その対応が完了した後には「ポストモーテム」を重視する。

ポストモーテムという言葉は、ラテン語の「post」（後）と「mortem」（死）に由来し、直訳すると「死後」という意味だ。もともとは医学的な用語で、死後にその人の死亡原因を調べるために行う「死後解剖」や「検死」のことだ。SREでは、この言葉を転じて、障害やインシデントが発生した後に、その原因や影響を振り返るための分析や報告を行うプロセスを指す。

このプロセスにおいては、システムの設計やプロセスにおける問題を解明するための分析と解決への検討を行う。この過程で得た知見は、チーム内で共有し、チーム全体の成長を促進する。また、同じような障害を発生させないために監視や予防策を講じたり、障害の発生が避けられないならそこからの回復を自動化するような対応を取ったりする。

こうした「障害を学びの機会と捉える」という姿勢は、クラウド環境とは関係なく、優秀な運用チームであれば備えているものだろう。SREは、Googleの運用手法を整理したものではあるが、その根幹は、よりよい運用を実現するためのものであり、そこにソフトウエアエンジニアらしい定量化や評価手法を取り入れたものだ。SREには定義から実践に至るまで、さまざまな概念や技法が紹介されている。

耐障害性を向上するカオスエンジニアリング

最後に「カオスエンジニアリング」について紹介しよう。カオスエンジニアリングは、Netflixのエンジニアリングチームが2010年代に開発した手

法で、システムの信頼性を高めるために意図的に本番障害を発生させ、その結果を観察することで、実際の障害発生時にどのようにシステムが挙動するのか、またシステムの耐障害性を向上させるためにどんな改善が必要かを学ぶことを目的としている。

2010年代初頭、Netflixのエンジニアたちはシステムの堅牢性を確保するために、あえて障害を発生させるツールや手法を開発し始めた。その象徴的なツールが「Chaos Monkey（カオスモンキー）」だ。カオスモンキーは本番環境においてランダムにサーバーを停止させるツールで、Netflixが実稼働環境で障害の影響をシミュレートするために使用していた。カオスモンキーを定期的に実行することで、システムがどれだけ自動的に復旧できるか、また障害がユーザーにどのように影響するかを評価できるようになった。「カオスエンジニアリング」という言葉自体は、その後の耐障害性を検証するエンジニアリング手法を指す言葉として広まり、2015年にNetflixが公開した「カオスエンジニアリングの原則（https://principlesofchaos.org/）」によって正式に定義された。

障害をどんなに予測しようとしても、想定外の障害は本番環境でしか起きないものだ。つまり、本番環境のアクセス数で、本番環境の使われ方で、本番環境のデータにおいて、障害が発生したときにどうなるかは、本番環境でないと正確には分からない。そうであれば、本番環境で意図的に障害を発生させ、これによってシステムの障害時に挙動を把握すればいいと考えた。もちろん、意図的な障害は本物の障害と同じ被害をもたらす。

前述のカオスモンキーは、指定されたAWSアカウント内の任意のサービスを、指定された時間帯に、ランダムにダウンさせる。通常は、エンジニアが働いている平日の日中の時間帯に設定しておき、このツールが起こした障害に対応できるようにしている。「意図的に本番障害を発生させる」というアイデアは常軌を逸していると思うかもしれないが、避難訓練はその状況が本番に近いほど効果を発揮する。将来に発生する本番障害の被害を最小限にしたいなら、本番環境で障害を発生させ、そこで起きた問題に

対応するのが最も合理的だ。

　Netflixは、カオスモンキーに次いで、Chaos Kong（カオスコング）という
ツールも開発している。これはNetflixが利用するAWSリージョン全体の
システムを強制終了させるという機能を持っている。これによって大規模
なグローバルDRのテストを行っていた。2015年9月20日に、US-EAST-1
リージョンでAmazonのDynamoDBサービスが不安定になり、これによっ
てDynamoDBに依存する20を超えるAWSサービスが障害を起こした。
これによってUS-EAST-1リージョンを利用していた多くの企業は6〜8時
間にわたってサービスを断続的に利用できなくなった。この状況において
も、Netflixは日頃の成果を発揮し、一時的な利用停止はあったものの、大
きな影響を出すことなく障害に対応したことを公表している。

> 参考情報：Netflixのテクノロジーブログ「Chaos Engineering Upgrated」
> https://Netflixtechblog.com/chaos-engineering-upgraded-878d341f15fa

■■ クラウドとDevOpsを使いこなす

　クラウドの登場から、DevOpsに関わるツール、そしてNoOpsやPaaSの
概念、さらにSREやカオスエンジニアリングと紹介してきた。

　これらの変化はクラウドの登場（2006年）から、およそ10年間に起きた
ことだ。クラウドにエンジニアが適応していった結果として、クラウドネ
イティブなシステムが生まれ、これまでの常識とは異なる進化を遂げて
いった。

　この進化は続いている。例えば最新のデータセンターでは、ハードウエ
アの交換などもロボットなどによって自動化しているという。結果、日常
的な作業を人間が行わないことが前提になり、もはや日常的には人間が部
屋に入れない温度で運用しているデータセンターも存在する。

　「企業システムは安定しているから、クラウドネイティブである必要性
は小さい。そもそもクラウドは高額だ」。こう思うかもしれないが、それ

は思考停止といえる。

　例えば多くの企業システムは日中しか利用されず、定時を過ぎればアクセスが急減し、深夜はアクセスされることがほとんどない。そうであれば夜8時からサーバーの性能を下げ、深夜から朝まではサーバーを停止すればクラウドサービスのコストを低減できる。あるいは、夜間バッチの処理時間が気になっているなら、夜間バッチの時間だけ性能を上げればいい。多くのコンピューティングサービスは、GPUなどの特殊な機能を使わない限り、性能と時間の掛け算でコストが決まる。低い性能で長時間稼働させる場合と、高い性能で短い時間稼働させる場合とでは、同じコストになることもある。であれば、夜間バッチを早く終わらせて、他のシステムにデータ連携させるほうが企業システム全体として効率化できる。これらを人間が介在することなく自動的に行えるなら、利用しない手はない。

　ただしその実現には「クラウドサービスの仕組みを前提にして、自分たちのシステムの仕組みを作る」という取り組みが必要だ。これが「クラウドネイティブ」である。

　第1章でNetflixの事例を紹介した。彼らは7年間をかけて、クラウド移行を完了した。それだけの時間をかけた理由は、システムをそのままクラウドに移設するのではなく、こうしたクラウドサービスの仕組みを活用し、それに適した仕組みに段階的に作り変えていったからだ。クラウドリフトではなく、クラウドシフトを狙うことが必要なのだ。

第 4 章

マイクロサービス

4-1

すべてを疎にする

　「マイクロサービス」という言葉は、ジェームス・ルイス氏とマーチン・ファウラー氏が2014年に書いたブログ「Microservices」によって広まった。2011年ごろから当時の先端的な企業システムアーキテクチャーを研究した結果、いずれも似たようなシステム構成を採用していることが分かったため、これに名前をつけたものだ。この経緯はアジャイルと似ている。

> 参考情報：ジェームス・ルイス氏とマーチン・ファウラー氏のブログ「Microservices」
> https://martinfowler.com/articles/microservices.html

　マイクロサービスの目的や実現方法を理解しておきたい。上述のブログはマイクロサービスの特徴として9つの要素を挙げている（下記の箇条書きの英文）。ここでは「マイクロサービスの基本方針」「大規模システムにおけるアジャイルの実現」「クラウドとDevOpsの活用」「マイクロサービスを実現する」「マイクロサービスの効能」という文脈に沿って、9つの要素を見ていく。なお9つの要素の意味は、日本語の直訳を見ても理解できない。そのため、文脈の中で9つの要素について解説する。

- マイクロサービスの基本方針
  - Componentization via Services
- 大規模システムにおけるアジャイルの実現
  - Organized around Business Capabilities
  - Products not Projects

- クラウドとDevOpsの活用
  - ・Infrastructure Automation
  - ・Design for failure
- マイクロサービスを実現する
  - ・Smart endpoints and dumb pipes
  - ・Decentralized Governance
  - ・Decentralized Data Management

マイクロサービスの基本方針

　マイクロサービスとは、その名が示すように「大規模システムを複数の
サービスに分割し、それらを連携させることで構成する（Componentization
via Services)」というものだ。

　コンポーネント化はソフトウエアに限らず、古くからある手法である。
製品を小さな独立した部品に分けることによって、修理や変更を容易にす
る。リモコンの乾電池、自転車のタイヤ、コンロのボンベなど、身の回り
にある交換可能な部品はコンポーネント化されている。

　マイクロサービスではシステムを構成する部品は「サービス」と呼ばれ
る。サービスはサーバー上で稼働しているアプリケーションを意味する。

　これは従来なかった特徴的なアイデアだ。システム開発では、昔から大
規模システムを部品に分割して設計することが推奨されてきた。1960年代
はモジュール化設計、70年代は構造化設計、80年代にはオブジェクト指向
といった設計手法が提唱された。それらの手法は、あくまでもアプリケー
ションを設計するための手法であり、アプリケーションを部品の組み合わ
せとして構成することに主眼が置かれている。オブジェクト指向は現在で
も有用な手法であり、アプリケーション設計に用いられている。

　マイクロサービスが部品とする「サービス」は、オブジェクト指向など
が示すアプリケーション内の部品とは異なり、アプリケーションそのもの

がサーバー上で稼働したものを示す。それが大きなシステムの部品として機能する。

　一般に優れたコンポーネント化は、部品同士が標準的な手法によって分離・結合できるようになっており、他の部品との関係が「疎結合」になっている。単3電池であれば、どのメーカーの電池を使っても同じ結果が得られるし、電池のメーカーによって製品が影響を受けることもない。

　同じように、システムが互いに疎結合の部品の組み合わせによって出来上がっていれば、ある部品の変更が、連携する他の部品に影響することがなくなる。例えば、連携するサービスAとサービスBがあったとしよう。サービスAは、その処理の中でサービスBを呼び出す。この場合、サービスAとサービスBが疎結合なら下記を実現できる。

- サービスBの仕様を変更した場合、その影響はサービスAに及ばない、もしくは限定的で明確である
- サービスBが障害を起こして停止やスローダウンをした場合、その影響はサービスAに及ばない、もしくは限定的で明確である

レガシーシステムは疎結合の逆で、部品となる機能同士が「密結合」になっている。そのため相互の依存や影響が大きい。つまり下記の状態だ。

- 機能Bが仕様を変更した場合、その影響が機能Aに及び、同時に変更する必要がある
- 機能Bが障害を起こして停止やスローダウンをした場合、その影響が機能Aに及び、同じように停止やスローダウンを発生させる

　こうした問題があるため、レガシーシステムでは「影響調査」「リグレッションテスト」「リリース調整」という要素が存在する。機能Bに変更を加える必要がある場合、まずは影響調査を行って、その影響が及ぶ対

象として機能Aがあることを特定する。次に機能Aと機能Bの変更後にリグレッションテストを行って、他に影響のある機能がないかどうかを確認する。最後に、その他の変更と合わせて機能Aと機能Bのリリース日を決める——。このオーバーヘッドがレガシーシステムにおけるITロックインの原因となっている。

マイクロサービスを実現した環境ではサービス同士が疎結合になっているため、1つのサービスを他のサービスに大きな影響を与えず変更できる。そのため影響調査もリグレッションテストもリリース調整も限定的だ。

大規模システムにおけるアジャイルの実現

大規模なシステムにおいて機能同士を疎結合にできれば、アジャイルを実践することが可能になる。

従来の大規模システム開発では、チームは技術的な観点、例えば「フロント」「ビジネスロジック」「データアクセス」などから編成することが最適とされてきた。自動車の生産ラインでは、車台組み立て、エンジン設置、車体の取り付け、内装といった順番で作業が進んでいき、各工程には専門の作業員やロボットを配置する。こうした分業化、専門化、順次進行、個別最適の追求といった要素が大規模システムでも適用されてきた。

これが可能だったのは、ウオーターフォールでは開発対象をすべて明確にするからだ。作るべき大規模システムの機能群が明確であれば、その作り方を安定させることで、どのような分業体制とプロセスによってシステムを作るかを確定できる。しかも、生産量から逆算して必要なエンジニアの人数を明確にできた。

アジャイルの場合は、そもそもVUCA（変動性・不確実性・複雑性・曖昧性）なビジネス環境に対応するために、大規模システムが備えるべき機能群は事前に明確にならない。では、どのようにチームを編成すべきだろうか？

それがビジネス視点での分割だ。これは前述のサービス同士を疎結合に

保つことと大きな関係がある。そもそも大規模システムを必要とする企業では、ビジネス側にも複数の業務部門があり、それぞれの業務を行っている。例えばECサイトを運用しているなら、商品調達、マーケティング、在庫管理、物流、請求といった部門が存在しているはずだ。商品を準備する、商品を宣伝する、商品を在庫する、商品が売れたら届ける、請求して売り上げを計上するといった業務上の工程によって分割しているだろう。

　部門ごとに業務の種類が異なり、それぞれ効率化していく。このため多くの場合、システムに対する変更要求は部門単位で発生する。例えば物流を最適化するために倉庫を増やしたい場合、これによる直接的な影響が物流以外の部署に出ないようにする。つまり相互の業務を適度な疎結合に保つほうが望ましい。

　であれば、システムの機能もこの業務としての分割に従ったほうが機能同士を疎結合にできる。もし1つの業務部門からの変更要求に対して、複数のサービスにまたがった変更が発生すると、それらのサービス同士のテストやリリース日を調整する必要性が出てきてしまう。

　VUCAな状況にある企業であれば、環境の変化に追随して業務を変更するし、その結果としてシステムの変更を求める。であれば、そのシステムは組織の構造にリンクして、システムのサービスが分割されているほうが、サービス同士をより疎結合に保つことができる。

「組織は、自らのコミュニケーション構造を模倣するシステムしか設計できない」

　これは1968年にメルヴィン・コンウェイ氏が提唱したコンウェイの法則（Conway's Law）で、システムの設計がそのシステムを開発する組織のコミュニケーション構造を反映する、というものだ。1960年代にはシステム開発が大規模化し始めており、同時に開発組織も大規模化していた。開発組織の各部門が、それぞれ異なる視点や技術的要素に基づいて作業を進め

ることによって、システムが複雑化してしまう、と警鐘を鳴らしたのだ。

現代では、この「組織構造とシステム構造の一致」を逆手に取り、必要なシステム設計に合わせるように組織構造を再設計すればよい、と解釈できる。これを「逆コンウェイの法則」と呼ぶ。

システム全体が業務単位に分割されているほうが望ましいなら、チームの編成も業務単位にしてしまうほうがよいのだ。これが「Organized around Business Capabilities（ビジネス能力に基づいた組織化）」である。

もう1つ、マイクロサービスが前提としているのが継続的な開発だ。これを象徴するのが「Products not Projects」である。直訳すればプロジェクトではなくプロダクトだが、システム開発においてプロジェクトマネジメントよりプロダクトマネジメントのほうが重要になることを意味する。

プロダクトマネジメントというのは、1930年代のＰ＆Ｇのマーケティング部門で生まれた「ブランドマネジメント」という用語が起源だとされている。1931年、Ｐ＆Ｇの重役だったニール・Ｈ・マッケロイ氏が「ブランド担当者（Brand Men）」を設置する指示を出した。これはブランドごとに責任を持つ担当者を置き、ブランドの売り上げ、マーケティング、利益に責任を持たせるというアイデアで、これによってＰ＆Ｇは製品ラインごとに専任の担当者を置き、ブランドの成功を監視・管理する体制とした。

この成功が広まり、やがて製品（プロダクト）全体の開発、マーケティング、販売に責任を持つ「プロダクトマネジメント」という形で進化した。1990年代の後半から、一般消費者向けのウェブサービスが増えてくると、同じようにシステム開発をプロダクトマネジメントの一環として捉える必要が出てきた。

この考えが広まったのは、2008年発行のマーティー・ケーガン氏の著書『INSPIRED: How to Create Products Customers Love』（邦訳『INSPIRED 熱狂させる製品を生み出すプロダクトマネジメント』）の影響が大きい。この書籍では、システム開発で重要なのは、プロジェクトの進行管理ではなく、顧客の問題を解決するために価値を提供することにあるとしている。

従来のシステム開発では、プロダクトの責任者は必要とされる機能を決定し、スケジュールを管理することが主だった。しかしケーガン氏はプロダクトマネジャーを、顧客とエンジニアリングチームの橋渡し役と位置づけ、顧客のニーズを深く理解し、それを開発チームに適切に伝える役割だと定義した。そして、顧客からの継続的なフィードバックループを取り入れ、プロダクトを常に改善していくプロセスが重要だと主張した。つまり、リリース後もプロダクト開発は終わらない。

　これを実現するための具体的な手法がアジャイルであり、これを大規模システムにおいても実現可能にするためのシステム構成がマイクロサービスというわけだ。

■■ クラウドとDevOpsの活用

　では、なぜマイクロサービスの実現が2010年代になったのだろうか。これは、それまでの技術ではマイクロサービスを実現できなかった、あるいは非常にコストがかかったことに起因する。この状況を打破したのが、2006年に登場したクラウドコンピューティングであり、そこから運用の自動化を推し進めたDevOpsのツール群と文化なのだ。

　前述の通り、システムを業務に沿った単位で分割するほうが変化に追随しやすくなる。ただ、その分割単位は業務部門では大き過ぎる。ECサイトであれば、EC部門ではなく、その中の商品、マーケティング、物流、請求といった担当レベルに分割したい。

　この分割を実現するうえで大きなボトルネックが存在する。これまではEC部門として1つのアプリケーションだったのに、担当レベルになることでサービス数が増え、これを稼働させるためのサーバー台数が何倍にもなり、インフラや運用作業の管理負荷が非常に大きくなってしまうことだ。

　2006年にクラウドコンピューティングが登場し、DevOpsのツールや手

法が広まることでインフラの自動化（Infrastructure Automation）が実現された。これによって、サーバー台数の増加による管理負荷を大きく抑えられるようになった。数台はもちろんのこと、数十台、数百台、あるいはそれ以上のサーバー群であっても、インフラの管理を自動化することにより、数人で管理できるようになった。

　もちろん、障害対応も負荷も小さくなっている必要がある。システムが複数のサービスで構成され、それらが複雑に連携していると、どこかのサービスで発生した障害が、意図せずシステム全体に広がっていく連鎖障害が発生しやすくなる。

　連鎖障害を防ぐために有効なのがサーキットブレーカーパターンだ。サーキットブレーカーは家庭にある「ブレーカー」のことである。家電の使い過ぎで過電流が発生したり、漏電が検知されたりすると、自動的にブレーカーが落ちる。

　サーキットブレーカーパターンは、サービスの呼び出しで異常が発生すると、それを検知して適切に対応することで、影響がシステム全体に波及しないようにする。検知すべき異常としては、サービスに接続できない、サービスの接続に設定された以上の時間がかかる、サービスからのレスポンスに設定された以上の時間がかかる、といったことが挙げられる。

　一方で、検知後の対応としては、設定された時間後に設定された回数だけリトライ（再接続）をする、それでも動作しない場合にはエラーとする、前回の処理結果を流用する——といったものがある。第3章で紹介したように、DevOps以降、システム全体の変化を早めるために小さな障害を許容するようになっている。障害は発生するものとして、その対応を事前に指定しておく。こうしてシステム全体を、障害が発生することを前提とした設計（Design for failure）にするのだ。

　これによって大規模システムであっても、機能単位に分割したサービス群によって実現できるようになった。これこそがマイクロサービスの実現が2010年代になった理由だ。

ここまでの説明によって、マイクロサービスは、大規模システムにおいてアジャイルを機能させるための取り組みであり、その実現にはクラウドとDevOpsが必要であったことが分かる。第3章で紹介したThe Twelve-Factor Appが「1つのアプリケーションをクラウドネイティブにする手法」であったのに対して、これを進化させていった先にある「アプリケーション"群"をクラウドネイティブにする手法」がマイクロサービスなのだ。

マイクロサービスを実現する

　では、どのようにしてサービス同士を疎結合に保つのだろうか。1つはサービスをビジネスの観点から分割することだが、それ以外にも技術的な点から考慮事項がある。それが下記の3点だ。

- ガバナンスの分散（Decentralized Governance）
- データ管理の分散（Decentralized Data Management）
- スマートなエンドポイントと単純なパイプ（Smart endpoints and dumb pipes）

　これらの技術的な解説は後段において詳述するが、なぜこのような点が強調されたのかを理解しておく必要がある。これらはレガシーな大規模システムに対するアンチテーゼとして提唱されたものだ。

　ITロックインを生み出すようなレガシーシステムのことを「泥団子（Big Ball of Mud）」と表現することがある。構造がなく、無秩序でスパゲッティーのようにこんがらがったソースコードを含むシステムを示す。長期間にわたって改修していくことで構造が崩壊し、場当たり的に手を入れることで全体が大きな塊になり、理解や保守が非常に困難な状態になっていく。

　そんな泥団子の大規模システムは、単一のプログラミング言語とSQL

で作られていることが多い。その構造にもルールがあり、すべての機能が同じ構造で開発されている。このような標準化をすることによって、巨大になりながらも運用を可能にしている。

レガシーシステムは1つのデータベースを前提に構築されている。リレーショナルデータベースには、データの不整合を防ぐ仕組みがあるため、泥団子のさまざまな機能からデータの操作が行われたとしても、データ全体の整合性を保つことができた。逆に、データ管理を一元化していなければ不整合が生じてしまう。

こうした技術要素の標準化やデータ管理の一元化は、泥団子になるようなレガシーシステムを、それでも運用可能にするために重要な手法だ。これすらなければ、ITロックインの強度はさらに増すだろう。

一方で、マイクロサービスの環境では、こうした要素を排除する必要がある。レガシーシステムにとっては重要な仕組みではあるが、逆にいえば、それがサービス同士の結合度を上げてしまうからだ。

マイクロサービス環境では、「ガバナンスの分散（Decentralized Governance）」によって、サービスごとにそれぞれの処理特性に最適化された技術要素を選定すればいい。家電において、金属、プラスチック、ゴム、布など、部品ごとに求められる特性に応じて最適な素材が使われるのと同じだ。

データベースを共有していると、ある機能の変更に付随して行われたテーブルの変更が、他の機能に影響を及ぼすことがある。こうしたデータベースを通じた影響は、ソースコードの直接的な関係性とは異なり影響調査に時間がかかることになる。サービス同士でデータベースを共有していると、こうした問題につながることになる。「データ管理の分散（Decentralized Data Management）」によって、こうした問題を抑止する。

システム連携についても状況が異なる。2000年代、泥団子のようなレガシーシステムが社内に何個もあるような状況が生まれてきていた。業務の効率化を進めていくには、それらのシステムを緊密に連携させる必要があ

る。そこで注目されたのがサービス指向アーキテクチャー(SOA) だ。SOAにおける「サービス」は、レガシーシステムを他システムから利用できるようにするためにAPIを設けたもののことだ。ただし、レガシーシステム同士は異なる構造になっており、簡単には連携できない。

　そこでハブ・アンド・スポークという考え方で連携させた。まず、システム連携の中央に、ハブとしてシステム連携を管理する製品を配置する。これらはESB(Enterprise Service Bus)、BPM(Business Process Management)、EAI(Enterprise Application Integration) などと呼ばれる。そして、各システムが提供するサービスがスポークとなり、ハブを介して通信する。そのためハブは、各レガシーシステムの間に入ってメッセージのルーティング、データの形式変換、サービスの呼び出しを一元的に処理する役割を果たした。サービス間のすべての通信がハブを通過するため、中央集権的な管理が可能で統制が利くため、大企業がシステム間連携に利用するようになった。つまり各サービスは現状のレガシーシステムを利用するだけでよく、それらを連携させるためのハブによって、個別のレガシーシステムの複雑性を解決した。

　こうした仕組みは、すでに泥団子が存在している状況では有用だが、新たにシステムをクラウドネイティブに作っていく場面では適切ではない。最初から相互に連携することを前提にしたサービスとして構成していけば、ハブは不要である。これがスマートなエンドポイントと単純なパイプ(Smart endpoints and dumb pipes) という概念だ。

■■ マイクロサービスの効能

　大規模システムをサービスに分割し、それぞれのサービスをアジャイルに開発できるようになると、どんなメリットが生まれるのだろうか。それがレガシーシステムの3つのロックインの1つ「業務領域のロックイン」の解消だ。使い込まれたレガシーシステムは、そのシステムが担当する業

務領域をロックインする。DXによって横断的な業務を見直そうとしたり、プロセスを大きく変えようとしたりしても、レガシーシステムによって簡単には進まなくなる。いざレガシーシステムを作り直そうとしても、そのまま作り直すだけでは業務の見直しにはつながらない。同じ機能を備えた、ピカピカの泥団子が完成するだけだ。

マイクロサービスでは、大規模システムがサービスという部品によって成り立っている。その部品単位で作り直しや修正が可能である。しかも、システムの境界線が曖昧だ。もはや、一括再構築をすることはできず、部分の改修や作り直ししかできない。そうすることによって段階的にシステムを再構成することが可能になる。これこそがEvolutionary Design（進化的なデザイン）であり、マイクロサービスの最大のメリットといえる。

全体を整理しよう。

- マイクロサービスは、大規模システムをサービスの分割と連携によって構成するという考え方だ
- これによって大規模システムであっても複数のアジャイルチームが、互いの調整なしに独立したリズムで開発を行うことができる
- この実現には大量のサーバーを簡単に管理することを可能にしたクラウドとDevOpsが必須であった
- しかも、大規模システムを段階的に再構成することが可能になったため、ITロックインを解決することもできる

本章の冒頭に述べたように、マイクロサービスアーキテクチャーは、誰かが提唱したというよりは、多くの先端的な企業が取り組んでいるシステム構成を表現しているだけだ。「企画」「開発」「運用」という開発プロセスで、アジャイルは「企画と開発」、クラウドとDevOpsは「開発と運用」を高速化することに成功してきた。それらの歴史を踏まえて多くの企業がたどり着いたものをマイクロサービスという言葉で表現しているのだ。

マイクロサービスの課題

　システムが大規模化した1960年代から、さまざまな手法が、その時代の最新技術を使いながら「柔軟で変化に強いシステムを実現する」と主張してきた。だが、そのいずれもが銀の弾丸とはならなかった。

　銀の弾丸（Silver Bullet）とは、吸血鬼や狼男を倒すための武器として使われる魔法の弾丸だ。IT業界では「完璧で万能な解決策」という意味で使われている。1986年にフレデリック・ブルックス氏が書いた論文「No Silver Bullet: Essence and Accidents of Software Engineering」（「銀の弾丸はない：ソフトウエア工学の本質と偶発的複雑性」）から広まった。

　ブルックス氏はこの論文で、ソフトウエア開発には本質的に複雑な問題が存在し、それを解決するための「魔法のような方法」（銀の弾丸）は存在しないと主張している。開発の効率を大幅に改善する単一の技術や方法論がないことを強調し、ソフトウエア開発に伴う複雑性（本質的複雑性）を軽減するには多様な手法や技術の組み合わせが必要だという。

　要するに、ソフトウエア開発には銀の弾丸なんてものは存在せず、継続的な改善が必要であるという考えを表している。

　2014年にマイクロサービスが登場してから、すでに10年が経過した。その中でさまざまなチームや企業がマイクロサービスに取り組んだ結果から、マイクロサービスも銀の弾丸ではないことが分かっている。

密結合と疎結合

　レガシーシステムは機能同士が密結合になっているので、開発時に機能間の調整が発生すると伝えた。しかし密結合にはメリットもある。システム全体が単一の技術スタックで構成されており、インフラ構成もシンプルになっているため、必要な実装・保守スキルもシンプルで分かりやすい。機能間の連携についても、システムの内部通信なので性能上の制約を気に

する必要がない。

　これに対して機能同士を疎結合に保とうとすると、技術的な構成が複雑になりやすい。各サービスはそれぞれの特性に合わせて最適な技術を使うことが推奨される。その技術を理解していないとメンテナンスできない。インフラ構成が複雑になっており、ツールなしには管理できない。

　密結合なシステムは、全体が巨大であるうえに、複数の改修によって複雑化していく。温泉旅館のようなものだ。増改築を積み重ねてきた温泉旅館は、1階を歩いていると思っていても、細い廊下を通り過ぎたら別館の3階に出たりする。食事場所が複数あって、どこにあるのか初日は混乱する。しかし、そうであっても建物がつながっていることでの利便性はある。

　マイクロサービスは、広い敷地の中に必要な数だけのヴィラ（個別の部屋）を建物として点在させるようなリゾートホテルだ。それぞれの部屋の間は距離があるため、少し騒いだぐらいでは影響がなく、プールをつけたっていい。しかし、レストランに行くには外を歩かないといけないし、ルームサービスを届けるのも大変だ。どこかの道が通れなくなると、その先にあるすべての部屋が影響を受ける可能性がある。しかし敷地の範囲であれば無限に拡張できる（現実には物理限界があるが）。

　どちらのほうが複雑かと問われると、目的と状況による、という答えになるだろう。

■ データの不整合

　マイクロサービスに取り組む場合、特に大きな問題になるのがデータの整合性だ。レガシーシステムにおいて複数の機能でデータベースを共有するとき、リレーショナルデータベースのトランザクション機能を利用できる点がメリットになる。トランザクションとは、複数の機能間におけるデータの不整合を排除する機能だ。例えば在庫は倉庫機能からの入庫に

よって増え、売り上げ機能からの売り上げによって減る。入庫があったときには下記の処理を行う。

1. 現在の在庫数を取得
2. 入庫数を加算
3. 新たな在庫数を登録

売り上げがあったときの処理は下記の通りだ。

1. 現在の在庫数を取得
2. 売り上げ数を減算
3. 新たな在庫数を登録

ここで、入庫処理と売り上げ処理の1が同時に発生してしまうと、双方が2で計算したあと3の登録の際に間違った上書きが発生してしまう。トランザクション機能は、こうした場合でも、どちらかが処理を行っている間、他の処理を実行しないように調整する。

しかしマイクロサービスは、複数の処理間においてトランザクション機能を利用しない。トランザクション機能は便利ではあるが、複数の処理が1つのデータベースを利用することが前提になってしまうため、密結合が発生する。そのため、在庫数が整合性を持たない値になることがある。

こうした機能間のデータ不整合に対して、前述のブログ「Microservices」では「開発者にとっての新たな課題」であることを認めつつ、トレードオフとして考えるべきだとしている。

筆者の友人の話をしたい。彼はAmazon.comで買い物をした。ところが、商品がなかなか配送されない。サイト上では配送完了になっていた。そこでAmazon.comに連絡したところ、システム上のミスであることの謝罪とともに値引きのクーポンが付与された。

誰しもオンラインサービスを使っていれば、大なり小なり、こうした体験をしたことがあるだろう。これこそが「機能間のデータ不整合」であり、「トレードオフする」ということだ。Amazon.comは、物流システムを疎結合にしており、例外が発生した場合は「業務とお金で解決」することにしたのだろう。Amazon.comという巨大システムでアジャイルを機能させるメリットと、業務負荷や経費がかかることのデメリットを比べ、バランスさせたと推察する。

もちろん、このトレードオフが銀行間送金で許されることはない。しかし企業内の多くの業務において、手作業のころはミスが発生し、判明したらリカバリーしていたはずだ。システム化によって不整合をゼロにすることを求め過ぎるがゆえに、システム間の密結合を強め、ITロックインを悪化させた。

こうした点においても、システム開発がシステム部門だけのものではなく、経営や業務部門も巻き込まないと判断できないようになっている。この因果関係について、技術観点を含めて判断できる経営層がいるかどうかは、大きな違いとなるだろう。

この10年で最大の失敗

こうしたマイクロサービスの課題は、ウェブサービス業界でも2020年以降になって積極的に語られるようになってきている。GitHubのCTO（最高技術責任者）だったジェイソン・ワーナー氏は、2022年のX（当時はTwitter）での投稿で「この10年間で、アーキテクチャーとしての最大のミスは、すべてをマイクロサービス化することだった」と述べている。そして、マイクロサービス化への道のりとして、以下のようなプロセスを記した。

モノリス＞アプリ＞サービス＞マイクロサービス

この一連のプロセスは、システムを作る場合の粒の大きさを示している。モノリスとは、「ひと塊の岩」を意味する言葉で、レガシーシステムのようなすべての機能を1つのアプリケーションで構築するシステムのことだ。それ以降はシステムが複数のモジュールで構成されるようになり、その大きさがアプリケーション、サービス、マイクロサービスの順に小さくなっていく。ワーナー氏は、すべてをマイクロサービス化したことが失敗だった理由として以下の内容を挙げた。

- モノリスのほうが簡単に作ることができる
- 企業が成長すれば、いずれは分散システムが必要になるもので、最初から数十や数百のマイクロサービスを設計するのは困難過ぎる
- マイクロサービス全体を適切に管理する概念が必要になる
- マイクロサービスは技術的負債になりやすい
- マイクロサービス全体の管理を誰がやるのかという組織的課題も引き起こす

■ マイクロサービス化

　確かにマイクロサービスにはメリットがありそうだ。自社のシステム群は巨大である。しかし、すでにレガシーシステムが存在している。この状態から、どのようにマイクロサービスに取り組むべきだろうか。

　最もやってはいけないのは、レガシーシステムをマイクロサービスによって再構築することだ。前述の通り、マイクロサービスは非常に複雑な仕組みであり、これを安全に実現するのは、相当高いレベルの設計技術が求められる。特に業務領域の正しい分割が必要だ。もし、分割を間違えてしまうと、サービス同士が密結合になってしまったり、データの不整合が発生しやすくなったりしてしまう。そうなれば、せっかく再構築したのにより複雑なモンスターシステムを生んでしまうことになる。

マイクロサービスの成熟度レベル

　では、どうすべきか。それには「マイクロサービス化」がヒントになる。前述のワーナー氏が示したように、モノリスからアプリ、サービス、マイクロサービスと段階的に進めていけばいい。ガイドラインとなるように「マイクロサービスの成熟度レベル」を考えてみよう。

　　1. モノリス
　　2. モノリスと複数のアプリ
　　3. 複数のアプリと小さなサービス
　　4. 複数のアプリと数十のサービス群
　　5. 数百のサービス群と幾つかのアプリ
　　6. 数百のサービス群と数百のマイクロサービス
　　7. 数千〜数万のマイクロサービス

　目指すべきゴールは、ITがビジネスの根幹であるような巨大企業であればレベル6、7だろう。一般的なエンタープライズであれば4や5でも十分だ。

　重要なのはスタート地点だ。他システムと連携しない巨大レガシーシステムなど皆無であろうから、レガシーシステムであってもレベル1に位置付けられるはずだ。マイクロサービス化の第一歩は、対象のレガシーシステムに対して、マイクロサービスの初期段階にあると位置付けることにある。

ストラングラーパターン

　マイクロサービス化の技術的戦略は後段に譲るとして、まずは基本的な方針について整理しよう。それが「ストラングラーパターン」と呼ばれる

考え方だ。

　語源となったストラングラー・フィグは熱帯地域の植物で、和名は「締め殺しのイチジク」と呼ばれる。この植物は他の木に寄生して成長する。タネは木の高い幹で発芽し、気根と呼ばれる根を宿主に絡みつかせながら地面に下ろす。さらに宿主の上にも枝葉を伸ばし、完全に取り囲んでしまう。やがて宿主は枯れてしまい、中が空洞になった木だけが残る。

　このストラングラー・フィグのように、宿主となるレガシーシステムを段階的に締め殺していくのがストラングラーパターンだ。ストラングラーパターンの考え方はすり替えにある。

　マイクロサービス化するには、システムを、小さなサービスに切り分けていく必要がある。しかし、実際に既存システムを切り分けるのは簡単ではない。密結合になったシステムを分離するのは非常に困難な作業だ。

　レガシーシステムをマイクロサービス化する場合、機能をサービスとして切り出すのは、新規にその機能のサービスを構築することを意味する。これを行ったうえで、既存システムの該当機能を使わないようにする。つまり、新しい機能で古い機能を覆い隠してしまうのだ。

　そうやって、段階的に機能をサービスに切り分けながら移管していく。必要な機能をすべて移管したら、既存システムを停止しても問題ない。

　後段で技術的な進め方を解説するが、レガシーシステムのマイクロサービス化はこのようなステップで進めていく。この進め方のメリットは3つある。

メリット1：開発コストの最適化

　まず、開発コストを最適化できることだ。既存システムにコストをかけない一番よい方法は、何もしないことである。新たに必要になる機能のサービスを作るだけでよければ、開発コストは最小限で済む。しかも、その機能にいくらのコストをかけるのかが明確になる。このほうが投資対効果は考えやすいだろう。

メリット2：短期的な成果

　次は短期的に成果を上げられることだ。新しいサービスとして切り出し、マイクロサービスのメリットを享受したい機能は、その時点でビジネス上の優先順位が高い。その機能だけでも先行して提供できるため、全体を再構築するのに比べて、圧倒的に短期間で成果につなげられる。

メリット3：再構成に取り組めること

　最後は、再構築ではなく、再構成に取り組めることだ。前述のように、レガシーシステムを再構築しても同じ機能を提供するシステムが出来上がるだけで、DXなどによる最適化を実現することは難しい。しかし、マイクロサービス化は段階的に推進する。優先順位に沿って切り出す中で、新たな機能を追加していってもよい。その結果として、コストをかけてサービスに切り出すのか、既存システムの停止と一緒に業務をやめてしまうのかについて判断すればいい。最後まで既存システムに残った機能は、優先度が低いものだ。

　しかし、この進め方には副作用がある。

副作用A：完了までの長い時間

　1つめは、完了するまでに長い時間がかかることだ。その期間、既存システムを維持し続ける必要がある。基本的には手を入れないにしても、インフラ費や最低限の保守費がかかる。

　この時間をかける必要はある。レガシーシステムの解体は簡単ではないので、再構築などの大きなリスクをかけるよりは、このような進め方のほうが現実的だ。この期間を利用して内製化を推進することもできる。新たな技術要素や構造に転換するのは経験と慣れが必要だ。サービスを何回も切り出す経験はチームにとって非常に重要だ。

副作用Ｂ：二重のコスト

　２つめは、１つめにも関わるが、コストが二重にかかることである。既存システムの維持コストを最低限にしても、新サービス群にはコストがかかり続ける。

　ここにおいてもクラウドやDevOpsが大きな力となる。可能な限り、さまざまなインフラ構築・運用作業を自動化することによって運用費を削減していくのだ。

副作用Ｃ：技術的難易度

　３つめは当然だが、技術的難易度が低くないことである。一括再構築に比べれば遥かにリスクは小さいが、ストラングラーパターンではデータの取り扱いが非常に重要になる。新サービス群と既存システムでのデータ不整合を可能な限り減らす必要がある。

　これはバイパス手術に似ている。血流がデータだ。既存の機能と、新たにサービスとして切り出した機能には同じデータが流れなければならない。そのためデータの流れを二手に分ける必要がある。

　この点についてもチームは経験を積みながら、対応策を学んでいく必要がある。データのバイパスには幾つかの手法があり、それぞれ特性がある。こうしたものを正しく理解し、取り組んでいかなければならない。

　レガシーシステムからの脱却方法は２つしかない。1つは大きなリスクを取って全体再構築を行う。短期間で完了するが、機能の見直しが困難なため、新技術で新たなレガシーシステムを作り出すことになる可能性がある。会計や人事など、確立した制度が前提であれば、全体再構築を選ぶ。技術的にもERPやSaaS移行の土台がしっかりしたものを選ぶのがよい。SaaSであれば、ある程度の機能が最初からあるため、適切にフィット＆ギャップ分析をできればウオーターフォールで全体最適化できる可能性がある。

もう1つは、時間をかけてマイクロサービス化による段階的再構成を行うことだ。時間はかかるが、投資対効果とリスクを最適化できる。アジャイル型で推進できるためチームを育てていくことが可能だ。業種によるが、競争領域に当たるようなシステムの場合、SaaSでの代替も困難であれば、この方法になるしかないと考える。なお、マイクロサービス化への取り組み事例を第3部で紹介していく。

4-2

マイクロサービスに取り組む

　マイクロサービスでは、大規模なシステムを分割し、連携させるという構成を取る。そのため「サービスをどのように分割するか」という問題と「サービスをどのように連携させるのか」という2つの問題がある。

■ サービスをどのように分割するか

　サービスの分割にはドメインという概念を利用できる。ドメインはエリック・エヴァンス氏の著書、『エリック・エヴァンスのドメイン駆動設計：ソフトウェアの核心にある複雑さに立ち向かう』（今関剛 翻訳・監修、和智右桂、牧野祐子 翻訳、翔泳社）によって知られるようになった概念だ。ドメインは「領域」を意味するが、ドメイン駆動設計の文脈ではシステムが対象とする事業のことであり、その事業を実行するための具体的な業務そのものを意味する。

　ドメインは業界ごとに存在し、かつ企業ごとに異なる。例えば小売業界では「在庫管理」や「顧客管理」などがドメインとなり得るが、スーパーマーケットと百貨店では、その重要性が異なるし、スーパーマーケットといっても企業ごとに業務は異なるだろう。

　そういったドメインは、その企業や組織が対処すべき課題や、そこで得たい成果とリンクする。小売業界では、在庫管理ドメインを改善することで在庫効率を高めたり、顧客管理ドメインを改善したりしていくことで顧客のロイヤルティーを高める。

　ドメインには、その業界や企業ごとの専門用語、プロセス、ルールがあ

り、ドメインを正しく理解するには、それらを学ぶ必要がある。

　ドメインに注目するのは、その企業がドメインを単位としてビジネスを管理しているからだ。そのため、ドメインの単位で部署やシステムを作ることが多い。企業がビジネス環境の変化に対応しようとすると、特定のドメインの中のプロセスやルールやデータ形式の変更が生じることが多い。例えば商品がヒットして販売量が増えたため倉庫を拡大していく必要があるなら、「倉庫管理ドメイン」の中の倉庫の管理方法に変更が発生する。一方で、分割された「顧客管理ドメイン」には、特に影響はない。

　これは、ドメインの中のさらに粒度の細かいサブドメインという単位でも同じことだ。顧客管理ドメインにおいて、顧客のプロフィール管理、顧客別の購買履歴管理、優良顧客向けの割引制度などは、関連はするものの異なるサブドメインとして扱われる。割引制度にルールが追加されても、プロフィール管理や購買履歴管理に直接的な影響はない。

　なぜ、このビジネスの単位に注目するのだろうか。マイクロサービスではサービス同士を疎結合に保つことで、サービス同士が独立したライフサイクルを維持できるようにする。疎結合を維持するには、ビジネス上の変更が発生した場合に、同時に多くのサービスが影響を受けないほうがよい。ある変更によって、複数のサービスに影響があるなら、サービス間が密結合になっていることを意味する。

　一方で、ビジネスにおける変更は、基本的にドメインやサブドメインの単位で発生する。よって、ドメインやサブドメインごとにサービスを分割していれば、他のサービスへの影響を抑えられる。

　エリック・エヴァンスのドメイン駆動設計では、こうしたドメインを取り出して管理するノウハウを整理している。その幾つかを説明しよう。

ドメインエキスパート

　ドメイン駆動設計では、ドメインを理解するにはドメインエキスパート（ドメインの専門家）との対話から始めるべきである、としている。ドメイン

エキスパートは、その業務の仕組み、つまり、プロセス、ルール、データなどを構造的に理解している人を指す。例えば、システムに従って操作しているだけのユーザーはドメインエキスパートではない。質問しても「こうなっている」と答えるだけで、機能の目的や、その裏側にあるルールやデータは回答できないだろう。システム担当者は、機能に実装したルールやデータは答えられるが、どんな理由で作られているのかについては答えられない。ドメインエキスパートとは、業務とシステムの仕組みをよく理解している人のことだ。

レガシーシステムによってロックインされているような会社では、こうしたドメインエキスパートがいない可能性が高い。こうした場合には、業務部門で教育研修を行っているような人物と、システム担当者の両者に同席してもらうなどの対応が必要になる。

ユビキタス言語

業務のヒアリングをしていると、部門によって微妙に言葉遣いが違うケースがある。業務に不都合はなくても、システムを開発するうえで齟齬が起きるとバグにつながってしまうことがある。

例えば倉庫担当者における「在庫数」は、倉庫に保存されている個数を意味する。店舗における「在庫数」は、その店舗で販売できる数だ。この場合は、商品の数の概念を「在庫数」と「販売可能数」に分ける必要があるかもしれない。

このように業務部門からヒアリングした用語は、そのままシステム化するのではなく、開発において利用できる共通の言葉や用語に整理する。これをドメイン駆動設計では「ユビキタス言語」と呼んでいる。開発する際に作成する用語集などが、この概念に当たる。

サブドメインの種類

ドメインやサブドメインは、幾つかの種類に分けることができる。コア

ドメイン／サブドメインとは、企業にとっての競争力の源泉となるようなノウハウや仕組みのことだ。割引制度を強みにしている企業であれば、顧客管理ドメインの割引サブドメインがコアサブドメインに当たる。

　そして、このコアを支える支援ドメイン／サブドメインや汎用ドメイン／サブドメインを分離する。支援サブドメインは、コアサブドメインを動かすためのマスター登録機能やレポート機能などで、そのものが競争力ではないが業務の実行には必要になるものだ。汎用サブドメインにはログインや通知など、一般的な機能などが含まれる。

　このようにすると、割引サブドメインだけをサービスとして切り出すことができる。このサービスは顧客情報や購入履歴から、適切な割引金額を算出することだけに特化する。もし割引制度に変更があっても、このサービスだけを修正すればよく、他のサービスに影響はない。

ドメインを見極める観点

　ドメインやサブドメインは、日本企業で言えば「業務」という単位と同じような概念だ。そのため業務分析を行うことがドメインの理解につながる。

　業務範囲の見極めについては、以下のような観点を考えるとよい。

- 業務の対象者が異なる
- データの発生タイミングが異なる
- 業務の運用主体者が異なる
- 業務で扱う対象が異なる
- 業務のセキュリティー要件が異なる

これ以外にも、システム的な観点から考えるべきものもある。

- スケーラビリティー要件が異なる

- パフォーマンス要件が異なる
- データの性質が異なる（マスターかトランザクションか）
- 依存関係が異なる
- コンプライアンス要件が異なる

　繰り返しになるが、最も重要なのは、ドメイン同士を疎結合に保つことだ。逆にいえば、ビジネスにおける変更の発生タイミングが同じだったり、そのための機能テストを一緒にするような必要があったりする場合は、それらの要素を同じドメインで管理したほうが都合がよい。

　ドメインの大きさについては特に決め事はない。これはサービスの粒度と同じことで、対象とするシステムに応じて適切なサイズで管理する必要がある。ドメインが小さいほど部品として活用しやすいが、他のドメインと疎結合にできなければ全体としての複雑性が上がってしまう。

　そもそもドメインの境界線は明確なものではなく、どちらかというと全体に広がっている濃淡のようなもので、濃い塊を業務と呼んでいるだけだ。実際のビジネスにおいては、ドメインの境界線は常に揺らいでいる。

　レガシーシステムは、ドメインを1つのシステムにすることが多いため、その境界線を明確にしてしまう。よって、本来であれば緩やかな濃淡であるべき業務を、ある範囲に縛り付けることがある。これがITロックインとして表れてくる。

　マイクロサービスでは、ドメインを複数のサービスで実現しシステム間連携の手法が進化していることから、ドメインの境界線の曖昧さに対しては、ある程度まではシステムが柔軟性を手に入れたのだと考えられる。

■■ サービスをどのように連携させるのか

　サービス同士の連携には、適切な結合度を保つ必要がある。相互の独立性を保つうえでは疎結合に保つことは重要だが、疎結合ではデータの不整

合が発生する可能性が増えていく。また、取り扱うデータの量にも注意が必要だ。ギガバイト級のデータを扱いたい場合に、単純なWebAPIを利用するのでは困難である。データ連携手法について理解し、適切な手法を目的に応じて選択する必要がある。

連携手法を理解する

データ連携手法は、データの「整合性」と「量」の2軸で整理できる。以下が、主要な連携手法だ。それぞれについて簡単に説明していく。

① ファイル連携
② データベース共有
③ 同期API
④ 非同期API

① ファイル連携は、古くからある代表的な手法だ。サービスAはファイルを出力する。サービスBは、そのファイルを取り込み、データを取り込む。

ファイル連携は、データが大量であっても問題ない。しかしデータの状態は、そのデータが出力されたタイミングで固定化されるため、サービスAとサービスBにおけるデータの整合性を保証できない。データの連携タイミングも日次や月次で行われることが多い。

そのためデータの整合性を固定化できるマスターデータや実績データの連携で利用されることが多い。

② データベース共有も古くからある手法だ。サービスAとサービスBは、同じデータベースを共有しており、双方からデータの書き込みや読み込みを行う。最大のメリットは、リレーショナルデータベースのトランザクション機構を利用することで、大量であってもデータの整合性が保証されることだ。大量のデータを整合性を維持しながら共有する場合に、とて

も有用な手法である。

❸同期APIは一般にAPIと呼ばれる手法であり、現在主流になっている。サービスBがAPIを提供している場合、サービスAがサービスBのAPIに対してリクエストを送信すると、サービスBが処理結果をレスポンスとして返信する。同期処理の場合は、サービスAがリクエスト後、サービスBのレスポンスを待つ必要がある。

メリットは、リクエストとレスポンスの間が同期処理されるため、データの整合性を維持しやすい点だ。ただし、ファイル共有やファイル連携に比べればデータ量は多くできない。サービスAからサービスBに対して1件のデータを投入する、あるいはサービスAがサービスBのデータを1〜100件程度読み込む、などといった場合には使いやすい。

❹非同期APIは同期APIと異なり、リクエストに対してレスポンスを待つことがない。一般的にはキューをサービス間に用意する。キューとは、送信元からのメッセージをいったんためておき、送信先が取り出しにきたら渡していく仕組みだ。

サービスAはキューにリクエストを格納し、処理を終了する。サービスBは、キューからリクエストを取り出し、処理を行う。その結果はレスポンスとして返さない。レスポンスを返さないため、サービスBに対するデータ投入で使われる。

これまでのことを整理し、データ量と整合性の2軸でマッピングしたのが**図表4-1**である。

■ 図表4-1　4つの主要な連携方法の位置づけ

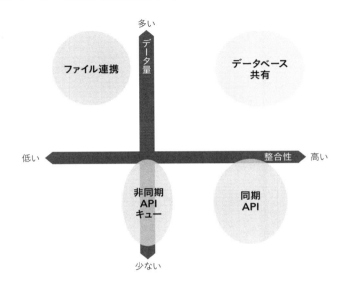

　では、これらの手法の結合度はどうなっているだろうか。2つのサービスがある場合、それらの結合度は、片方のサービスに発生した変更・変化に対して、もう片方のサービスに与える影響によって測ることができる。変更・変化とは、仕様変更時と運用時の2点で考える必要がある。

　仕様変更時の結合度とは、サービスの仕様が変更された場合の影響度だ。例えば同期APIであれば、サービスBのインターフェース仕様の変更、データベース共有であればテーブル定義の変更などに当たる。

　運用時の結合度とは、サービスに障害が発生した場合の影響度だ。例えばサービスがダウンしている場合などが代表的である。この観点で、それぞれの手法において結合度を整理してみよう。

　ファイル連携であれば、仕様変更として、サービスAが提供するファイルのフォーマットが変更されることが想定される。この場合はサービスBに対して影響を与えてしまう。ただ、運用時の影響は限定できる。ファイルさえ出力されれば、その後にサービスAが停止しても、サービスBには

一切の影響がない。

　データベース共有の場合は、仕様変更でも運用でも強い影響がある。サービスＡの都合によって仕様変更を行えば、サービスＢにも影響が出る。運用時にサービスＡが利用しているデータベースが停止すれば、当然、データベースを共有しているサービスＢも停止してしまう。

　同期APIの場合も、仕様変更にも運用にも影響がある。サービスＢの提供するAPIが変更されれば、サービスＡのリクエストに影響が出てしまう。運用においてもサービスＢが停止していれば、サービスＡはその部分の処理ができなくなってしまう。

　非同期APIの場合は、運用時の影響が軽減される。同期APIと同じようにサービスＢが要求するリクエスト仕様が変更されれば、サービスＡには影響がある。しかし、運用時においてはサービスＢが停止していても、サービスＡとしては処理が完了できる。サービスＢとしても、復帰後にキューにたまったリクエストを処理すれば、特に問題なく対応できる。

　このように整理してくると、整合性の高低と、結合度の疎密には同じ意味があることが分かる。結合度が疎になるほど、データの整合性は低くなっていく。これは、疎結合の副作用として強く理解する必要がある。

　同時に、同期APIはそれほど疎結合な手法ではないことも理解する必要がある。2つのサービスが、複数のAPIによって頻繁にやり取りをしている場合、それらのサービスの結合度は高いといえる。

結合度を疎にする

　それぞれの連携手法で、結合度を疎にしていくことができる。この場合、データの整合性に影響を与える場合と、与えない場合がある。手法ごとに確認していこう。

　❶ファイル連携の場合は、ETLツールを利用する。ETLとは抽出、変換、取り込みという言葉の頭文字をつなげたものだ。ETLツールを利用すれば、ファイル連携における処理をツールに任せることができる。

ETLツールを利用すると、サービスAとサービスBの関係性は薄くなる。仕様変更についても、ETLツールが変換処理の中で仕様変更の影響を吸収できる。

❷データベース共有では、ビューやレプリケーションを利用できる。いずれもデータベース製品の機能として提供されている。ただ、いずれの場合も、サービスBは読み込み専用であることが条件になる。

ビューの場合、もともとサービスAの管理しているテーブルから、必要なカラムだけをビューとして提供する。そのため、ビューで定義されたカラム以外が増減したとしても、サービスBへの影響を避けることができる。

ビューであっても運用時の影響を避けることはできない。これが可能なのがレプリケーションだ。レプリケーションでは、それぞれのデータベースインスタンスが分離されており、その間のデータが自動的にコピーされる。このためサービスAが利用するデータベースに障害が発生した場合でも、レプリケーションされたデータベースは稼働しているためサービスBへの影響を避けることができる。

これらの手法は、データベースの機能を利用しているため、利用目的に制限があるものの、データ整合性には影響を与えない形で対応が可能だ。

❸同期APIの場合は、同期APIを非同期的に扱うことで、同期処理におけるロック時間を最小化できる。

まず、サービスBは以下の一連となる3つのAPIを提供する。

- 要求API：要求を受け付ける
- 状況確認API：処理状況を返却する
- 結果取得API：結果を返却する

サービスAは、まず要求APIを通じてリクエストを送り、レスポンスとして処理番号を受け取る。そこからサービスAは定期的に状況確認APIを

利用して処理番号にひもづく処理状況を受け取る。処理状況が完了になったら、結果取得APIを利用してレスポンスを取得する。

　この手法であれば、同期APIと異なり、サービスAはリクエスト時にレスポンスを待ち続ける必要がない。こうした処理は、要求に対して処理時間が長くなるようなケースで利用される。例えば大量のデータを処理した結果を取得したい場合や、大量のデータを登録する必要性がある場合などだ。

　状況確認については、サービスAが定期的に確認せずに、サービスBがサービスAに完了を通知するような仕組みにすることも可能だ。要求APIのパラメーターに処理完了を通知するURLを指定することで、サービスBにおいて処理が完了次第、指定されたURLに対して完了を通知するのだ。これは「Webhook」と呼ばれる。

　❹非同期APIでは、非同期ストリームを利用できる。ストリームとは、データを持続的に流していく仕組みだ。キューがデータをしまう・取り出すというイメージなのに対し、ストリームは土管にデータを流す・すくうように利用する。

　ストリームでは上流に当たる「プロデューサー」がデータを土管に流し続け、下流にいる「コンシューマー」がデータをすくって利用する。近年のストリーム製品であればPub／Sub機能を保持しており、プロデューサーが流したデータを、複数のコンシューマーが利用することができる。

　ストリーム処理の主要なユースケースは「イベントソーシング」と呼ばれるものでデータの変更情報を配布することだ。そもそも、データをサービス間で共有するのは、元サービスで発生したデータの変更を、別のサービスが利用したい場合が多い。例えば顧客が何かを買った、住所を変更した、などといったイベントに合わせて業務部門に通知をしたり、必要な事務処理を実行したりする。イベントソーシングは、そうしたデータに関するイベントをストリームに流すことによってデータを共有するというものだ。先ほどの例で言えば、購買サービスが顧客の購入イベントを流し、顧

客管理サービスが顧客の住所変更イベントを流す。下流にいる他のサービスは、これらのイベントを利用して自分の処理を行えばよい。これによって複数のサービスがデータベースを利用してすべてのデータを共有せずとも、必要なデータだけを、ほぼリアルタイムに共有できるのだ。ストリーム処理については、次の章でも扱う。

このように結合度を下げていくことで、データの量と整合性にも影響を与える。**図表4-2**にこれを整理した。

マイクロサービスでは、サービス間を疎結合に保つために適切な連携手法を採用することが重要だ。一般的にはWebAPIを利用するが、同期APIは同期性が高く、利用回数が増えると密結合になりやすい。本章で紹介したブログ「microservices」では、「サービス間の同期APIの呼び出し回数は1回にする」あるいは「非同期APIのみを利用する」といった取り組みをしている企業があることも紹介されている。それぞれの手法のメリットとデメリットを理解することが必要だ。

■ 図表4-2　主要な連携手法で結合度を下げた場合の位置づけ

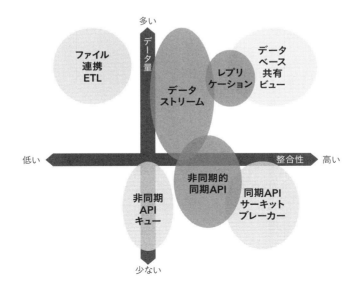

第 5 章

クラウド
ネイティブの
発　展

5-1

すべてを管理する

　マイクロサービスに向けてクラウドネイティブなアプリケーションの開発を推進していくと、マイクロサービス全体を管理する必要が出てくる。本書でこれまで何度も書いてきたように、マイクロサービス環境では1つひとつのアプリケーションはシンプルに保たれるが、全体としての構成は複雑になる。その複雑化した構成を管理するためにIaCなどが有効であることも示した。しかし、それだけでは管理できないほどに複雑さは上がっていく。

　これを解決するために、さまざまなクラウドネイティブサービス群を管理するためのプロダクトが開発され、提供されている。オープンソースとして有名なのは既に紹介したKubernetesだろうが、各クラウドサービスベンダーも類似したサービスを提供している。

　では、どのようにクラウドネイティブなシステム全体を管理すればよいのだろうか。それを理解するためにKubernetesをホストしているオープンソース管理財団CNCF（Cloud Native Computing Foundation）について紹介する。CNCFは、Googleが中心となって2015年に創設された。CNCFでは、クラウドネイティブ、およびCNCF自身を以下のように定義している。

　　クラウドネイティブ技術は、パブリッククラウド、プライベートクラウド、ハイブリッドクラウドなどの近代的でダイナミックな環境において、スケーラブルなアプリケーションを構築および実行するための能力を組織にもたらします。このアプローチの代表例に、コンテナ、サービスメッシュ、マイクロサービス、イミュータブルイ

ンフラストラクチャ、および宣言型APIがあります。これらの手法により、回復性、管理力、および可観測性のある疎結合システムが実現します。これらを堅牢な自動化と組み合わせることで、エンジニアはインパクトのある変更を最小限の労力で頻繁かつ予測どおりに行うことができます。

Cloud Native Computing Foundationは、オープンソースでベンダー中立プロジェクトのエコシステムを育成・維持して、このパラダイムの採用を促進したいと考えています。私たちは最先端のパターンを民主化し、これらのイノベーションを誰もが利用できるようにします。

　冒頭は、本書でも繰り返し触れてきたクラウド、DevOps、マイクロサービスなどによって実現される世界観だ。そしてCNCFは、この世界を実現するための具体的なプロダクトをオープンソースで提供することを目的にしている。とはいえ、これらのプロダクトをCNCFが開発するわけではない。Apache財団、Eclipse財団などと同じように以下のような取り組みを通じてオープンソース開発を支援している。

- オープンソースプロジェクトが利用するインフラや開発基盤の提供
- オープンソースライセンスに関する法的支援
- オープンソースプロジェクトの立ち上げや維持をするための支援
- クラウドネイティブに関するイベントの主催

　CNCFでは2023年時点で173プロジェクトがホストされ、22万人以上が開発に携わっている。クラウドネイティブに関するプロダクトを列挙したCNCF Landscapeには1000以上のオープンソースプロダクトが記載されている。Kubernetesは、その中でも有名なプロダクトではあるが、1000個

あるうちの1つに過ぎない。それだけクラウドネイティブに関するプロダクトは大量になっている。

いかにクラウドネイティブに取り組むか

CNCFは「Cloud Native Trail Map」(https://github.com/cncf/trailmap) を公開している。これは、クラウドネイティブに至るためにどのような技術に取り組むべきかを、10のステップとして示したものだ。Trail Map(トレイルマップ) とは、もともと登山や自然散策のためのルートマップのことで、転じて、道に迷うことなく進むための手引書を意味する。

Cloud Native Trail Mapが推奨する10の技術の1つめは「Containerization (コンテナ化)」、2つめは「CI／CD」である。どちらも第3章で紹介した。クラウドネイティブへの道のりでは、これらが第一歩となっていることが分かる。

第5章ではトレイルマップの3つめ以降の技術から、4つを選んで紹介したい。

- Orchestration and Application Definition
  (オーケストレーションとアプリケーション定義)
- Observability and Analysis
  (可観測性と分析)
- Service Proxy, Discovery, and Mesh
  (サービスプロキシー、ディスカバリー、メッシュ)
- Streaming and Messaging
  (ストリーミングとメッセージング)

これらに共通するのは、大量のサービスを管理するという視点だ。DevOpsで紹介したIaCなどは、インフラや運用作業の自動化に大きな効

果があった。しかし、より大量のサービスが稼働し、頻繁に構成が変わるようになると煩雑さが増していく。そこで、大量のサービス群の管理を目的とした基盤プロダクトが求められるようになった。4つの技術を順に見ていこう。

Orchestration and Application Definition

複数種類の楽器で編成された楽団をオーケストラと呼ぶように、オーケストレーションとは、大量のアプリケーションを管理することを意味する。CNCFでいえばKubernetesだ。Kubernetesは、コンテナ化されたアプリケーションの稼働を管理するための基盤である。この名前はギリシャ語で「舵を取る者」または「操舵手」を意味する「κυβερνήτης(kubernetes)」に由来し、船の航行を管理する役割を示している。

コンテナ化されたアプリケーションのデプロイや管理を、まるで船の航行のように制御することから名付けられた。そのためロゴには船の舵が描かれている。

現在の主流はコンテナの利用を前提としたオーケストレーションサービスだ。各クラウドベンダーは、Kubernetesのマネージドサービスと、独自のオーケストレーションサービスを提供している。マネージドサービスとは基盤の運用保守の一部またはすべてをベンダーが代行するもので、ユーザーは基盤を意識しなくて済む。

パブリッククラウドサービスでいえば、以下のような製品が該当する。

Kubernetesのマネージドサービス
- Amazon Elastic Kubernetes Service(EKS)
- Azure Kubernetes Service(AKS)
- Google Kubernetes Engine(GKE)

クラウドベンダー独自のオーケストレーションサービス

- Amazon Elastic Container Service（ECS）
- Azure App Service
- Google App Engine（GAE）

　これらのオーケストレーションツールは「宣言的な定義管理」という考え方で制御される。IaCツールは「ある状態のインフラ構成」を定義し、それを再現するには有用だ。しかし、サービスの追加や削除が頻繁に発生したり、要求性能の増減に合わせてサーバー台数を調整したりする場合など、個別のサービス単位のインフラ構成の変更が頻繁になると、一元的に管理されたインフラ定義の変更が煩雑になる。つまりインフラ定義の変更に追われるわけだ。

　オーケストレーションツールの「宣言的な定義管理」では、それぞれのサービス単位に、どういう状態であるべきかを宣言しておくと、オーケストレーションツールはその状態を維持するように動作する。

　例えば、あるアプリケーションを1台のサーバー上で動かす、という定義情報をあらかじめ設定しており、実際にその通りになっている状態を考える。オーケストレーションツールは、アプリケーションの稼働状態と定義情報を常に監視している。ここで、サーバーを2台にするよう定義情報を変更したとする。オーケストレーションツールは、稼働状態が1台、定義情報は2台であり差分が生じたことを検知し、新規にサーバーを1台起動する。その後、定義情報を変えていないが、2台のサーバーに障害が起きて稼働がゼロ台になったとしよう。すると、オーケストレーションツールはサーバー2台を起動する。

　このように、オーケストレーションツールは「宣言された定義と稼働状態の差分を常に埋める」よう挙動する。これによって、頻繁にインフラ構成を変更する必要があっても適切に管理できる。具体的には、以下のような定義情報をアプリケーションごとに宣言する。

- コンテナの設定（イメージ名、ポートなど）
- マシンスペック（リソース要求など）
- アプリケーションのデプロイ方法（レプリカ数、ローリングアップデートなど）
- ネットワーク設定（サービスタイプ、ポートなど）
- アプリケーションの設定データ（キーと値のペア）
- セキュアな情報（パスワード、トークンなど）
- HTTP/HTTPSルートの設定（ホスト、パス、バックエンドサービスなど）

　各チームは、自分たちが管理するアプリケーション／サービスの定義情報だけを書き換える。これにより、それぞれ独立した管理が可能になる。

Observability and Analysis

　近年、「オブザーバビリティーツール」という言葉をよく聞くようになった。日本語にすると「可観測性」であり、システムの状態をリアルタイムに収集し、分析、診断する能力のことだ。このオブザーバビリティーを構成するのは、以下のような言葉だ。

① テレメトリー（遠隔測定）
② メトリクス（指標）
③ ロギング（ログ取得）
④ トレーシング（追跡）
⑤ モニタリング（監視）
⑥ アナライズ（分析）
⑦ ダイアグノシス（診断）

　① **テレメトリー**は「遠くから測る」を意味する言葉で、システムやア

プリケーションの状態を示すデータをリモートで収集する仕組みだ。

　例えばログであれば、従来はサーバー上のファイルに書き込み、その
ファイルを退避させてツールで解析し結果を確認する、ということをして
いた。これではリアルタイム性に欠ける。しかもログ収集は、サーバーが
増えるほど煩雑になる。

　特にマイクロサービス環境では、大量のサーバーが存在し互いに連携す
る。そのためサーバーを横断して、リアルタイムに状況を把握する必要が
ある。

　そこでログの場合、サーバーに出力するのではなく、ログサーバーに送
信して収集するようになっていった。大量のサーバーからのログを一元的
に収集する必要があるが、ネットワーク帯域の向上や、ログを連続して送
信・受信し続けられるストリーミング技術の発展などもあり、数秒〜十数
秒の遅延でログの収集が可能になっている。

　こうして集めるデータが **②メトリクス**（指標）とログであり、ログ取得
を **③ロギング**と呼ぶ。

　メトリクスは、システムやアプリケーションのパフォーマンスを定量的
に測定するデータである。CPU使用率、メモリー使用量、リクエスト数な
どがメトリクスに含まれる。これらはサーバーの稼働状態を示す。

　ログは、サーバーやアプリケーションが稼働中に生成するイベントや
メッセージのデータだ。エラーメッセージ、ユーザーのアクション履歴、
デバッグ情報などが含まれる。

　これらの情報は「トレーシングデータ」によって関係づけられる。**④ト
レーシング**（追跡）は、クラウドによってシステムの構成要素が複雑化す
ることで重要視されるようになってきた概念だ。マイクロサービス環境の
ようにシステム構成が複雑になると、ユーザーからのリクエストは複数の
サービスやデータベースなどをまたがって処理される。

　例えば1回のリクエストに対して、メッセージが以下のようなパスを通
るとしよう。

サービスＡ→サービスＢ→サービスＣ

このような構成でリクエストに時間がかかった場合、「どのサービスが遅延を引き起こしているのか」を把握するのがトレーシング機能だ。

① リクエストの処理開始時に、トランザクション番号を発行し、ロギングサーバーに開始イベントを飛ばす

② その番号をつけて、次のサービスへのリクエストを飛ばす

③ リクエストを受け取ると、トランザクション番号をつけてロギングサーバーに開始イベントを飛ばす

④ 処理が終わると、トランザクション番号をつけてロギングサーバーに終了イベントを飛ばす

あとはロギングサーバー側でトランザクション番号を利用してログを並べれば、１回のリクエストに対して、それぞれのサービスでどれだけの時間がかかったかを把握できる。例えばレスポンスタイムが一定時間以上かかるリクエストが多数あった場合、それらのトランザクションを集計すれば、ボトルネックになるサービスを特定できる。さらに、その時刻に取得されたメトリクスを参照すれば、CPUやメモリーなどに異常値がないかどうかなどを、関連付けて確認できる。

⑤ **モニタリング**（監視）は、システムやアプリケーションの状態を継続的に見て、異常や問題を検知することだ。メトリクスやログを一定のルールで監視し、異常が検出された際にはアラートを発する。DevOpsでも紹介したように、近年ではチャットツールへの通知も一般的に利用されている。

さらに、近年のツールでは高度な⑥ **アナライズ**（分析）や⑦ **ダイアグノシス**（診断）が自動化されている。例えば、「日々の挙動とは異なる動きがある」といったことを検知し、自動的に検知する機能も提供されている。

ECサイトなどであれば、朝の出勤時間帯にアクセスが伸び始め、昼休み
に山があったあと、夕方から深夜にかけてアクセスが増える。

　こうした普段の挙動に対して一定のアクセス数をしきい値として検知し
ていると、アクセス数が少ない時間帯での異常を発見できなくなる。メ
ディアで紹介された場合などの急激なアクセス増加などが考えられるが、
たとえシステムの性能に大きな問題がなかったとしても、何らかの問題が
起きる可能性があることを事前に把握できるのは非常に大きなメリット
だ。

　こうしたオブザーバビリティーツールは「サイドカー」と呼ぶ手法で導
入する。オートバイに取り付ける、エンジンを持たない補助的な車両のサ
イドカーが語源だ。オーケストレーションツールでは、複数のコンテナ
を1つのセットにして管理できる。メインとなるアプリケーションコンテ
ナと、補助的なオブザーバビリティーツールのエージェントのコンテナを
一緒にデプロイする。このような仕組みにすることで、個別のアプリケー
ションではオブザーバビリティーツールを意識する必要がなくなる。

Service Proxy, Discovery, and Mesh

　メッシュは、網や網目状の構造を意味する。多数の接続点（ノード）が互
いにつながっている様子を示す。同じようにマイクロサービス環境では、
それぞれのアプリケーションが相互に接続することによってメッシュのよ
うになっている。また、アプリケーションの増減やブルーグリーンデプロ
イのような頻繁な構成変更も発生する。こうした状況で、アプリケーショ
ンの連携を管理するツールがサービスメッシュである。

　通常のアプリケーション間通信にはHTTPプロトコルが利用される。こ
の場合、ドメインによって通信先のIPアドレスを特定し、ルーターやロー
ドバランサーといった機器によってネットワーク経路が定義されている。
こうした仕組みは標準的であり、世界中のあらゆる場所に到達できる。

　しかし課題もある。安定的なネットワーク構成を前提とするので、構成

の変更によってルーティングやポリシーを変更したい場合、さまざまなネットワーク機器の設定変更が必要になり、煩雑で時間がかかりやすい。

そこでサービスメッシュは、全く異なる考え方でネットワーク構成を管理する。従来のように構成されたネットワーク上にアプリケーションを配置するのではなく、アプリケーションの配置に合わせて動的にネットワークを構成する。

サービスメッシュ環境では、すべてのアプリケーションに、サイドカーとしてサービスプロキシーをデプロイする必要がある。そして、アプリケーションのすべてのインバウンド・アウトバウンド通信をプロキシー経由で行う。

ネットワークの構成情報はすべて「コントロールプレーン」と呼ぶ管理サーバーに集約する。具体的には以下のような情報だ。

- サービスとIPのマッピング
- ルーティングとロードバランス
- ポリシー
- 認証と認可

新たにアプリケーションをデプロイすると、そのアプリケーションのサービスプロキシーはコントロールプレーンのレジストリーに自身の存在を登録し、構成情報を取得する。

アプリケーションAが別のアプリケーションBと通信したい場合、従来通りのドメイン名やパスで相手を指定する。その通信はコントロールプレーンの制御情報を基にプロキシーが決める。ドメイン名や、ルーティング・ロードバランスルールに従ってIPアドレスを特定し、さらにポリシーやセキュリティーに従った制御を行う。例えば、許可されない通信先であれば、ネットワークエラーを発生させる。

サービスメッシュは、従来のネットワーク機器による構成に比べて、変

更に対する柔軟性を持つ。コントロールプレーンは抽象的な構成を管理して
いるだけであり、実際のサーバーの増減に応じて具体的な構成は変わっ
ていく。従来の環境では、サーバー台数を増やす際には、サーバーを追
加した後で、ロードバランサーの構成情報を書き換える。これによって、
ルーティングが可能になる。サービスメッシュ環境であれば、サーバーが
追加されることでコントロールプレーンの構成情報が自動的に変更され
る。それを各アプリケーションのサービスプロキシーが取得することで、
ルーティングが可能になる。

Streaming and Messaging

　マイクロサービス環境では、それぞれのサービスが連携する必要があ
る。しかし、サービス同士が直接的に連携すれば、双方に依存や影響を発
生することになる。そこで、サービス同士を疎結合に保ちながら連携させ
る。これを可能にするのが「ストリーミングサービス」と「メッセージン
グサービス」だ。どちらも非同期型の連携を実現する。

　まずメッセージングは、非同期に処理を依頼するようなデータ連携パ
ターンだ。例えばサービスAが特定のメッセージを処理する機能を持っ
ている。これに対して他のサービスBとCが処理を依頼するケースを考え
る。

　一般的な同期型APIであれば、サービスBとCが、サービスAに対して
リクエストを送ればいい。この仕組みの課題は、サービスAに対して過度
なリクエストが集中した場合に、サービスBとCにも問題が生じてしまう
ことだ。

　この場合に、メッセージングサービスを利用する。第4章でも取り上げ
たが、データを一時的に格納しておくキューという箱を用意する。サービ
スBとCは、サービスAに対するリクエストをメッセージとしてキューに
投入する。これでサービスBとCの処理は完了する。サービスAはキュー
を監視しており、キューにたまったメッセージを1件ずつ取り出し処理し

ていく。

　この方式のメリットは、サービスAがその手前のサービス（上述のケースではサービスBとC）の稼働状況に影響を受けない点だ。たとえリクエストがサービスAに集中しても、それをキューが一時的に格納しておいてくれる。そのためサービスAは、その処理能力に応じてペースを乱す必要がない。サービスAがデプロイや障害などで一時的に停止していても、サービスBとCはメッセージの送信を待つ必要がない。サービスAの状態にかかわらず、通常通りメッセージをキューに送ればよい。

　もう1つのストリーミングは、発生したデータをリアルタイムに複数のサービスに渡すためのデータ連携パターンだ。例えばサービスAがデータを生成し、これをサービスBとCが使うとする。

　一般的な同期型APIだと、データを渡す責務はサービスAにある。サービスAがデータを生成した後、サービスBとサービスCを呼び出し、データを連携する。

　このような仕組みになっていると、幾つかの問題が発生する。仮に、同じデータをサービスDが利用するとなると、サービスAがサービスDを呼び出す処理を追加する必要がある。また、サービスBとCに障害があると、サービスAから正しくデータを渡せなくなる。

　ストリーミングサービスはこのような問題を解決する。ストリーミングサービスを利用する場合、まずはデータを流すためのチャネル（土管）を準備する。サービスAは、生成されたデータをチャネルに流す。サービスBとCはチャネルを監視しており、流れてきたデータをすくい上げて処理する。

　こうすることで、サービスAはサービスBとCとは依存性を持つ必要がなくなる。サービスDを追加する場合にも、サービスDがチャネルを監視すればいい。そうするだけで他のサービスには影響を与えない。サービスBとCに障害が起きても、復旧後にデータをチャネルから取り出せばよい。これは連続的に発生するデータをリアルタイムに逐次連携するストリーム

（流れ）型の処理に適している。

　特に重要なのは、システム全体の拡張性だ。生成されたデータを利用して何かの処理を追加したい場合、既存のサービスを修正するのではなく、新しいサービスを追加するだけで機能を追加できる。

　このようにマイクロサービス環境においても、データ連携ツールを利用することで、システム全体としての安定性と拡張性を保持できる。

第 2 部　IT ロックインを解き放つ技術群

第 5 章

クラウドネイティブの発展

5-2

先進的なクラウドネイティブに取り組む

　この章で紹介してきたことは、その土台がコンテナやCI／CDであることから分かるようにDevOpsやマイクロサービス以降の進化版であり、現在においても発展を続けている領域だ。

先進的なクラウドネイティブに取り組むべきか

　そこで考えるべきは、こうした先進的なクラウドネイティブに取り組むべきか、ということだ。筆者は、現時点では多くの企業は先進的なクラウドネイティブに取り組む必要がない、と考えている。なぜなら、それがオープンソースを中心としたエコシステムの中で行われていることだからだ。

　オープンソースから開始し、最も成功したプロダクトといえばLinuxである。Linuxは1991年にオープンソースとしてスタートし、1990年代後半から2000年代にかけて、実質的な標準として評価され、商用利用が進んでいく。とはいえ、Linuxの初期段階で企業が導入を検討した際には、製品の不安定さに加えて、技術サポートの不足や対応スキルを持つ人材の少なさが課題だった。その後、製品として成熟し、企業が安心して採用できるようになるのは2010年代からだ。ディストリビューションの選択肢が増えていき、さまざまな形で商用サポートが提供されるようになった。2019年にはWindowsですら、Linuxコンテナの実行をサポートした。

　Linuxが企業内で標準的な製品とみなされるまで10年かかり、そこから十分に成熟するまでさらに10年程度を要した。そして大半のOSがLinux

をサポートするようになるまで、さらに10年がかかった。

これと同じタイムスパンであれば、2015年に開発が始まったKubernetesは、2025年ぐらいには安定化し始め、2035年ぐらいにはかなり成熟していることが期待される。現時点のKubernetesは、初期のLinuxのように運用するには専門スキルを持ったエンジニアを自社で準備する必要がある。これは多くの企業にとって負担となるはずだ。

また、Kubernetesの開発が進んでいる理由についても理解しておいたほうがよい。Linuxが多くのベンダーで採用され、多くの企業独自OSが排除されてしまったのは、Linuxが特定の企業に依存せず、改変を許容するオープンソースであったからだ。時代とともに高度化するOSを開発し続けることは多くの企業において負担になっていった。

そのため非競争領域のようなソフトウエアコンポーネントは共同開発したほうがよい。現在では、Linuxをベースとした多数の商用OSが利用できる。米Red HatのRed Hat Enterprise Linux（RHEL）や、米SUSEのSUSE Linux Enterprise Serverなどは、Linuxをベースにした上で、独自のコンポーネントを追加したり、チューニングを施したりすることで高可用性を実現している。

現時点で多くの企業がKubernetesに取り組んでいるのは、Linuxと同じように特定の企業に依存せず、改変を許容するオープンソースだからだ。Kubernetesによって相互運用性を確保すれば、特定のクラウドベンダーによるロックインを避けることができる。

調査会社の米IDCによると、2022年においてSaaSを除いた基盤クラウドサービス（IaaSおよびPaaS）のシェアは、AWSが40.5%、Microsoft Azureは21.4%、Google Cloudは6.1%、IBMは2.4%だった。

> 参考情報：IDCの調査レポートの記事
> https://www.idc.com/getdoc.jsp?containerId=prUS51009523

一方、2023年にCNCFが公開したKubernetes Project Journey Report

によれば、Kubernetesへのコントリビュート量の上位5社はGoogle、Red Hat、VMware、Microsoft、IBMであり、この5社だけで全体の60％を超える。Amazon.comは11位に過ぎない。MicrosoftやGoogleが、Kubernetesを普及させることでクラウドサービス間の移植性を高め、AWSへの対応策としていこうとしているのは明らかだろう。

> 参考情報：CNCFの「Kubernetes Project Journey Reports」
> https://www.cncf.io/reports/kubernetes-project-journey-report/

　現状からすると、2030年ごろまではクラウドベンダーの独自オーケストレーションツールを利用するほうが運用性は高いと筆者は考える。クラウドベンダーに依存してしまうが、運用負荷を大きく下げることができる。具体的にはAmazon ECS／AWS Fargate、Azure App Service、Google App Engine（GAE）などが挙げられる。

　今後、Kubernetesの成長とともに、よりよい商用サービスが増えていくことは間違いない。先進的なクラウドサービスの状況を理解しながら、コンテナやCI／CDに取り組み、企業の状況に合ったサービスを利用すればよいだろう。

■■ Kubernetesに取り組むべきか

　とはいえ、Kubernetesへの取り組みを検討している、あるいは推進している企業もあるだろう。現時点でKubernetesに取り組むには、以下の2つの方法がある。

① Kubernetesを自分たちで運用する
② クラウドベンダーが提供するKubernetesマネージドサービスを利用する

自分たちで運用するメリットは、インフラの相互運用性とカスタマイズ性だ。Kubernetesは特定のインフラ環境に依存しないように設計されている。そのためオンプレミス（自社所有）環境を含む、複数のインフラ環境で稼働させることが可能だ。これによって特定のインフラ環境へのロックインを回避できる。オープンソースであるがゆえにKubernetesは常に進化を続けている。こうした機能や周辺の拡張機能を自由に選択し、管理できる。

　一方で、その運用はかなり複雑だ。Kubernetesの運用を開始したものの、頻繁なアップデートや障害対応の難しさに耐えられずKubernetesを諦める「Kubernetes疲れ」という現象もあるぐらいだ。現時点では、Kubernetesを専門に管理するエンジニアがチームを組めるような状態でないと、運用は困難だろう。

　クラウドベンダーの提供するKubernetesマネージドサービスを利用することもできる。Amazon Elastic Kubernetes Service(EKS)、Azure Kubernetes Service(AKS)、Google Kubernetes Engine(GKE) などがある。

　基盤の運用を代行するマネージドサービスであるから、Kubernetes本体の管理が自動化されており、ある程度のアップデートなども自動的に行われる。また、クラウドベンダーが提供する運用管理ツールなどと統合されているので、運用性が高くなる。

　その半面、一部の機能やツールが依存することから、マルチクラウドを実現することが困難になってくる。当然ながら、マネージドサービスの運用料金が発生する。

　クラウドベンダー独自のオーケストレーションサービスを利用する場合は、その機能の大半がクラウドベンダーのサービスと深く統合されており、効率的であり、運用性も高い。

　一方で、特定のクラウドベンダーの技術に依存するため、他のクラウドに移行するのが難しい。シンプルであるがゆえに、Kubernetesのような高度なカスタマイズや設定ができない場合がある。

RedHatのOpenShiftのような「商用のKubernetes」という選択肢もある。これはLinuxに対してRed Hat Enterprise Linuxがあるようなものだ。下記のように、OpenShiftはさまざまな運用方式の選択肢を用意しており、自社専用の環境にマネージドサービスのOpenShiftを構築するデディケイテッドサービスも利用可能だ。

1 プライベートクラウドでOpenShiftを自社運用する
2 クラウドベンダーのOpenShiftマネージドサービスを利用する
3 プライベートクラウドでOpenShiftのデディケイテッドサービスを利用する

何度も繰り返すが、Kubernetesはまだまだ進化の途上にある。先進的な機能を取り込むことが企業の競争力になるなら、コストをかけて取り組むべきだろう。しかしそうでないなら、運用性を優先し、コンテナに対応したクラウドベンダーの独自サービスを利用するのも、十分な選択肢なのだ。

第 6 章

プラットフォーム
エンジニアリング

6-1

組織でプラットフォームを
管理する

これまでアジャイル、クラウドとDevOps、マイクロサービス、そして
クラウドネイティブの発展について紹介してきた。これらについて企業、
組織の単位で取り組んでいくにはどうしたらいいだろうか。これについて
2020年代から、注目されてきたのがプラットフォームエンジニアリング
だ。

■■■ パブリッククラウドの功罪

改めて、日本国内におけるパブリッククラウドの功罪について理解して
おこう。

2008年のリーマンショックやその後の世界金融危機を背景に、ビジネ
ス環境の変化が急激になり、不確実性も増す中で、多くの企業においてビ
ジネスモデルの見直しが求められるようになっている。VUCA(変動性・不確
実性・複雑性・曖昧性) という言葉も、この時期に普及し始めた。迅速な意思
決定、ビジネスの柔軟性や多様性の実現などが言われるようになり、新し
いサービスをITを軸にして立ち上げることが求められるようになってく
る。

これに合わせるようにAWSが2011年に日本の拠点として東京リージョ
ンを開設。その後2018年には大阪リージョンも開設した（当初は制限付きの
ローカルリージョン）。Microsoftは2014年にAzureの日本リージョンを開設し
ている。

経済産業省は2011年に、クラウドサービス利用に際してのセキュリ

ティー確保を支援する「クラウドサービス利用のための情報セキュリティマネジメントガイドライン」を発表。2014年にはクラウドの普及拡大に伴い、総務省が「クラウドサービス提供における情報セキュリティ対策ガイドライン」を発表した。

　この頃には、日本を代表するような大企業においても大規模なクラウド導入事例が発表されるようになってくる。こうした中で、多くの企業においてクラウドサービスの導入機運が高まっていく。

　一方で、企業内の情報システム部門はレガシーシステムを中心としたオンプレミス（自社所有）環境の運用が中心であり、クラウドの導入については慎重になる。エンジニアの視点としては、2014年からマイクロサービスが注目され、同年GoogleがKubernetesを発表し、2015年にCNCFが設立されることで「クラウドネイティブ」な形でのクラウド導入が注目されてくる。しかし、既存のオンプレミス運用に最適化されている情報システム部門からすれば、クラウドネイティブに合わせてさまざまなルールやツールを切り替えることは困難だ。どうしてもIaaSを中心としたオンプレミスの延長のような使い方になってくる。

　そんな中で新たなサービスを立ち上げていきたい事業部にとって、情報システム部門の動きを待つのではなく、システム開発に自ら乗り出すニーズが強くなってくる。パブリッククラウドであれば、インフラ調達についても情報システム部門との調整を少なくできるからだ。

　その結果として、情報システム部門としても「クラウド基盤の導入は全社で行うが、その使い方は個別プロジェクトに任せる」といった企業が増えていく。こうして、大企業においてもプロジェクト単位や部門単位でのクラウド導入が進んでいくことになった。

　これこそがパブリッククラウドの恩恵であり、さまざまな形でビジネスの中でITが活用されていく大きなきっかけとなった。

個別プラットフォームのデメリット

こうしたパブリッククラウドの個別導入から数年が経ち、2020年ごろからはデメリットも表出しているように感じる。

パブリッククラウドに取り組むといっても、どのようにシステムを開発し運用するのかについてはさまざまな選択肢がある。クラウド業界のトレンドは激しく変化し、毎年のように新たなツールが生まれ、標準と思われていたツールがあっという間に廃れていくこともある。

そのため、そのプロジェクトやチームが始まったタイミングで採用したインフラやツールは全社標準ではなく個別のものとなりやすい。結果として、組織全体として見ると技術的な取り組みが複雑化する。複数の異なるプラットフォームが存在すると、それぞれの環境で異なる技術スタックや設定、運用が必要になってしまう。

本来であれば、そうしたツールのアップグレードや標準的なツールへの移行に対して、システム運用の安定性のためにも定期的に投資すべきだ。大企業であれば、運用ツールを標準化し、チームで運用することによって個別プロジェクトへの負担を小さくしながら、企業全体として人的依存を少なく、インフラを改定していくのが一般的なアプローチだ。

しかし個別のチームやプロジェクト単位では、そうもいかない。事業部門からすれば、標準的なツールに移行するのは「似たようなツールに移行する」ことである。自部門にとってビジネス価値がなく、投資は簡単ではない。

開始から数年経てば、初期にツールの導入に苦労したエンジニアがいなくなることがある。こうして、そのツールの使い方に関するノウハウが失われてしまう。組織の中で人を異動させて対応しようにも、学習コストがあまりに高いとエンジニアのモチベーションに影響し、さらに人がいなくなることもある。結果として、運用が改善できず硬直化してしまう。

近年はセキュリティーリスクの増大が大きな問題となっている。事業部

門で導入したクラウドサービスの設定に問題があり、本来はセキュアに管理すべきデータがインターネット上に公開されていた、といったような事故も発生する。

ところがセキュリティーチェックやポリシーを確認しようにも、各プラットフォームが異なる設定や運用ポリシーを持っていると、統一的な管理は難しい。そのため、脆弱性の発生リスクが高まってしまう。

複雑化したツール群

こうした状況は、多かれ少なかれ、世界中の企業で発生した。要因の1つは、複雑化する開発環境とインフラの管理負荷だ。ITの利用目的が多様化し、さまざまな機能が必要になると、それに合わせるようにパブリッククラウドサービスの拡充、クラウドネイティブに対応したツールの進化などが起きた。PaaS、SaaSが高度化し、ますますシステム開発のスピードが上がっていく。

一方で、インフラ要素が多様化し、複雑化してきている。開発者は、アプリケーション開発だけでなく、ミドルウエア、インフラ、運用など幅広い要素の取り扱いと、それらを構成するだけの知識が求められている。

こうしたインフラ要素を正しく使えば、システム開発が楽になると分かっていても、実現は簡単ではない。それらを使いこなすための知識を学び運用する負担を考えると逆に非効率になる、といった現象が発生するようになってきた。

これはカスタマイズ要素があるものに共通する話だろう。優れたパーツがたくさんあるのに、それらのパーツの特性を学んだり、パーツの組み合わせを試したり、メンテナンスをしたりするのが面倒になってしまい、結局いつもの組み合わせを使う。クラウドネイティブの発展に伴って、さまざまなことが複雑化し過ぎてしまったのだ。

こうした状況で注目されたのが「開発者体験（DX：Developer Experience）」

という言葉だ。開発者体験は、開発者がシステムやプラットフォーム、ツールを利用するときに、効率的かつ快適に作業できる環境やプロセスを提供する考え方だ。開発者は、さまざまなツールを利用して仕事をしている。普段のコミュニケーションで使うチャットに始まり、プログラミングにおけるツールはもちろんのこと、DevOpsの普及に伴ってインフラ構築や運用作業までさまざまなツールを利用している。これらのツールが開発者によってバラバラだと、チームとしての生産性に問題が出かねない。

特に海外では、開発者不足や給料の高騰が問題になっている。こうしたツールによるストレスがエンジニアのエンゲージメントやモチベーションに影響を与えると言われている。こうした開発者体験の観点からも、ツール群の管理を一元化し、なるべくストレスなく使えることが重要だと考え、ツール群の整備を主担務とするチームを設けることも一般的になっている。

IDPとは何か

その結果、2020年ごろから、IDP（Internal Developer Platform）やプラットフォームエンジニアリングという言葉が注目されるようになってくる。2022年には、米Gartnerや米Thoughtworksといった業界アナリストが、これらを新たな注目トレンドとして位置づけた。

IDPは特定の製品やツールを示すものではなく「企業内の開発者に向けて整備されたプラットフォーム」を示す言葉で、開発環境、インフラ構築、運用に関するツール、プロセスをまとめ、開発者がセルフサービスで利用しやすい形で提供する。これにより、個別チームでプラットフォーム構築がもたらすデメリットを解消する。これが新しい標準化の形になるだろう。

そのため、IDPを実現するためのツールも企業によって全く異なる。どのようなツールの組み合わせがよいのかは、企業の特性や、ツール群の運

用体制によって異なるだろう。

IDPについての情報を整理しているWebサイト「Internal Developer Platform」（https://internaldeveloperplatform.org/）によれば、IDPには以下の5つのコアコンポーネントが存在し、それを内部開発者ポータルによって利用できるようにしている（**図表6-1**）。

■ 図表6-1　5つのコアコンポーネント

コアコンポーネント	簡単な説明
アプリケーション構成管理	アプリケーション構成を動的でスケーラブル、かつ信頼性の高い方法で管理する
インフラストラクチャーオーケストレーション	コンテキストに応じて動的かつインテリジェントな方法でインフラストラクチャーをオーケストレーションする
環境マネジメント	開発者は必要に応じて、新しく完全にプロビジョニングされた環境を作成できる
デプロイメント管理	継続的デリバリーまたは継続的デプロイ（CD）の配信パイプラインを実装する
ロールベースのアクセス制御	誰が何を実行できるかをスケーラブルな方法で管理する

これらについては、これまでの各章で紹介してきたものが多く含まれている。

アプリケーション構成管理

アプリケーション構成管理とは、アプリケーションの設定や、データベースにアクセスするための文字列などのパラメーターを、アプリケーション本体から分離して管理し、異なる環境（開発、本番など）においてもパラメーターを変えるだけで簡単に動くようにする仕組みだ。IDPでは、この仕組みをすべてのアプリケーションに適用し、一元的に統合管理する。これにより、複雑なシステム構成であっても、一貫した構成管理が可能になる。

インフラストラクチャーオーケストレーション

　インフラストラクチャーオーケストレーションは、インフラ構築や運用
作業を統合して管理することを意味する。そこには以下のようなツールが
含まれる。

- CI／CDのようなアプリケーションのビルドデプロイツール
- コンテナイメージの管理ツール
- サーバー群を管理するオーケストレーションツール
- データベースやストレージサービスなど
- メッセージサービス、ストリームサービス、ETLなどのシステム連携ツール
- DNS（Domain Name System）などのネットワーク構成ツール

　これら多様なツールを統合することで、管理を自動化できる。開発者
が、これらのツールに関係するようなシステム構成の変更をする場合に
は、可能な限り一元的で統合された方法で管理することが望ましい。IaC
ツールなどによって管理するのもよいだろう。この仕組みを通じて、チー
ムはセルフサービスで環境を立ち上げられるようになる。

環境マネジメント

　環境マネジメントは、開発環境、テスト環境、ステージング環境（テス
ト環境と本番環境の中間的な位置づけの環境）、本番環境などの異なる環境を管理
し、各環境に適した構成やリソースを整える機能だ。多くの企業では、シ
ステム連携が多くなっており、単独で稼働するサービスは少なくなってい
る。あるチームが新しく開発したサービスをテストする際、そのために必
要な上流システムや連携先システムがなければ、最終的なテストを実施し
にくくなる。

もし環境が限られていて、複数のチームが共同で利用していると、その間の調整は煩雑になる。想定外のデータが送られてきたり、本番環境と異なるバージョンのサービスが稼働したりしていれば、テストを正しく行えない。

こうした状況では、各チームが連携先のシステムも含めて、自由に独自の環境を立ち上げられるようになっていることが望ましい。他システムに依存する要素がなくなれば、スピーディーにリリースできるようになる。

デプロイメント管理

デプロイメント管理は、アプリケーションのリリースやバージョン更新を効率化し、リリースのロールバック（切り戻し）などのプロセスを安全に実施する機能だ。第3章で紹介したCI／CDについて、企業内で統合した環境を用意する。自動デプロイやカナリアリリース、ブルーグリーンデプロイなど、複数のリリース手法を準備し、アプリケーションに応じてチームが自由に設定できることが望ましい。

ロールベースのアクセス制御

最後のロールベースのアクセス制御は、上記のような自動化されたプラットフォーム上における権限管理を意味する。プラットフォーム全体として必要な役割（ロール）を設定し、そのロールに対して必要に応じた権限を付与する。各チームや開発者に適切なロールを付与することによって、本番環境にセキュリティーを確保する。例えば本番環境を操作するようなロールは、一般的な開発者には与えない。しかし本番環境の利用申請が承認されれば、限定的な期間のみロールを付与するといったことができる。

このようにアクセス制御を適切に運用することで、開発者は必要最低限のリソースや環境にのみアクセスできるようになる。これにより、不必要な操作や不正なアクセスを防止できる。

開発者ポータル／サービス カタログ

IDPのさまざま機能を開発者が利用するためのツールが、「開発者ポータル」や「サービスカタログ」と呼ばれるものだ。これについて理解するために、CNCFがホストしているオープンソースの開発者ポータルプロダクトである「Backstage」を紹介する。Backstageは「CNCF Annual Report 2023」において2023年に最も大きな成長を遂げた30のプロジェクトの1つに選ばれている。

Backstageは、音楽プラットフォーム企業であるスウェーデン・Spotify Technologyが開発した開発者ポータルだ。Spotifyは、バックエンドエンジニアリングと呼ばれる分野について積極的に情報発信している。

同社は企業として成長するにつれて社内でさまざまなツールが増えていくことにより、社内の開発効率が悪くなった。そこで2014年ごろ、社内のトップエンジニアが力を合わせ、Spotifyの中で開発を行う際の基準となるようなチュートリアルを作成し、それを「ゴールデンパス（黄金の道）」と名付けた。ゴールデンパスという言葉は、開発者がスムーズにプロジェクトを進められるよう設計された「標準化された開発プロセス」や「推奨される作業手順」を指す概念として広く用いられている。

このゴールデンパスを管理するためにSpotifyが作ったのがBackstageだ。2020年にオープンソースとして公開し、2022年にCNCFのインキュベーションプロジェクトになった。

すでに紹介したように、IDPを実現するためのツールは多種多様で、その組み合わせは企業の数だけあるといってもよい。こうしたツールを統合的に管理することを前提に、Backstageには以下のようなコンポーネントが含まれている。

① ソフトウエアカタログ
② ソフトウエアテンプレート

③ ドキュメント管理

❶ ソフトウエアカタログは、企業内のすべてのシステムにおいて、下
記をカタログ化して管理するための機能だ。

- システムが利用するバックエンドリソース（データベース、ストレージ
  など）
- システムを構成するコンポーネント（サービス、バッチなど）
- システムが提供するAPI
- システムを管理する組織やチーム

　これらの情報はアプリケーションごとに形式が決まったファイル（メタ
データ）に記載し、Backstageはその情報を読み取り、全体としてどのよう
になっているかを管理する。これによって、企業内にどのようなシステム
が存在するのかを管理することが容易になる。

　❷ ソフトウエアテンプレートは、新たにサービスを開発したい場合に、
ソースコードリポジトリやCI／CDのツールのセットアップなど開発を始
めるまでに必要な準備をテンプレート化する機能だ。これらのテンプレー
トは、企業が独自で追加することが可能になっているため、企業ごとに用
意したプラットフォームを使い始めるのが簡単になる。

　❸ ドキュメント管理は、さまざまなツールを使うためのチュートリア
ルを記述するための機能だ。Backstageにはこの専用ツール「TechDocs」
が組み込まれている。TechDocsには開発者がチュートリアルを記載しやす
くするための工夫が入っており、そのバージョン管理や公開管理などが簡
単にできる。

プラットフォームエンジニアリング

プラットフォームエンジニアリングは、IDPのようなプラットフォームを設計・構築・管理する役割や工程を指す。プラットフォームエンジニアリングに関するコミュニティーサイト（https://platformengineering.org/）によると、その定義は「クラウドネイティブの時代において、企業がシステムの開発や運用をセルフサービスとして行えるようにするツールやワークフローを整備する分野」だ。主要な成果物はIDPであり、企業内の開発者の開発者体験を高めることを目的にしている。

米Perforce Software（2022年に米Puppetを買収）が公開しているDevOpsの動向についてのレポート「The State of DevOps Report」では、2023年からプラットフォームエンジニアリングが中心的な対象となっている。2024年のレポートは、プラットフォームエンジニアリングに取り組んでいる全世界474人の回答によって作られたものだ。これらの企業は、8割が3年以上にわたりプラットフォームエンジニアリングチームを運用している。

参考情報：Perforce Software の「The State of DevOps Report」
https://www.puppet.com/blog/state-devops-report-2024

第 2 部　ITロックインを解き放つ技術群

■ 図表6-2　プラットフォームエンジニアリングの開発者にとっての利益

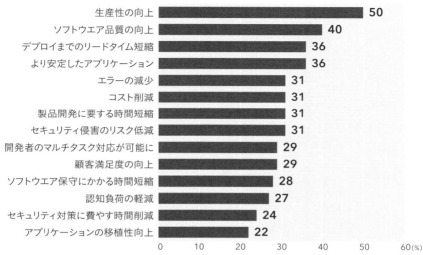

出所：Perforce Softwareの「The State of DevOps Report」の情報を基に筆者作成。和訳も筆者

第6章　プラットフォームエンジニアリング

アンケート結果によるとプラットフォームエンジニアリングのベネフィット（利益）について、生産性の向上がトップで50%、ついでソフトウェア品質の向上、デプロイまでのリードタイム短縮、より安定したアプリケーション、エラーの減少などが30%を超えている。IDPは開発者の生産性を主目的として立ち上げられているが、実際には品質や障害の削減にも大きく貢献している。特にセキュリティーに関しては大きなトレンドとしてページを用意しており、セキュリティーや統制の問題がプラットフォームエンジニアリングチームの重要な役割だと認識されている。

　こうした分野は、企業全体を通じてあらゆるシステムが対象になる。そのため、システム基盤を管理するチームがその役割を担うのは当然だろう。現在の一般的な企業においてインフラ部門や情報システム部門が担っている役割を、クラウドネイティブにしたものがプラットフォームエンジニアリングチームだといえる。

■■■ 国内企業におけるプラットフォームの整備

　ここまで紹介してきたように、クラウドネイティブに対応したツールが増えていく中で、これを企業内で標準化し、開発効率を上げていこうというのがIDPやプラットフォームエンジニアリングのような概念だ。

　ここまでIDPについて述べてきたが、一般的な企業における導入は簡単ではない。ユーザー企業からすれば、開発の大半を外部のシステム開発者に頼っている場合、こうしたプラットフォームを整備したとしても、簡単にはその利用を強制できないからだ。残念ながら、クラウドネイティブの開発に慣れたシステム開発会社が多いとはいえない。

　一方で、システム開発会社からしても、ソースコードやアプリケーションフレームワークのように運用に関係ない標準化であれば導入は簡単であるものの、運用環境に直結した環境を整備したとしても、それをユーザー企業が利用できるとは考えられない。海外のユーザー企業のように自社で開発者を抱えるような企業でしか利用が進まないようにも感じてしまう。

　それでも真にDXを推し進め、企業の競争力を上げたいなら、ユーザー企業自らがIDPを整備し、システム開発会社に対して、その標準化したプラットフォームのうえで開発することを強制する必要がある。これまで述べてきた通り、クラウドネイティブな開発にはインフラや運用の自動化、高度化が必須であり、これらの要素がなくてはクラウドを利用する意味がない。そして、これを個別のチームやプロジェクトで実現しているだけでは、企業全体としての効率化を達成できない。

　ユーザー企業自身がIDPを整備することがITロックインを解除していく一歩であるともいえる。このあとの6-2をはさんで、第3部では、こうした取り組みを実際している事例を紹介しながら、どのようにプラットフォームを整備していくのかについて説明する。

第2部　ITロックインを解き放つ技術群

第

6

章

プラットフォームエンジニアリング

6-2

プラットフォーム
エンジニアリングに取り組む

■■■ プラットフォームの実現

　企業はどのようにプラットフォームを実現すべきだろうか。platformengineering.orgは、IDPを構成するツールのリスト「Platform tooling landscape」を公開している。

> 参考情報：platformengineering.orgの「Platform tooling landscape」
> https://platformengineering.org/platform-tooling

　開発環境、CI／CD、監視とログ、セキュリティー、リソースというカテゴリーに分けて100以上のサービスが並ぶが、それでもオープンソースを中心にした代表的なツールだけである。IDPを構成するツールは商用製品も含めると数百ある。それらのサービスを組み合わせてIDPを構築する必要がある。これから新規にIDPに取り組む場合には、以下のような進め方を検討するとよいだろう。

最低限の取り組みから開始する

　すでに社内で複数のプラットフォームがあるような状態の場合、すべてのプラットフォームを統合することは困難だ。こうした場合には、IDPによる標準化の目的を明確にし、最低限の取り組みから開始すべきだろう。
　筆者の考える有効な選択肢は「監視とログ」もしくは「CI／CD」の分野だ。
　監視とログについてはオブザーバビリティーツールの導入を検討する。

すでに紹介したように、オブザーバビリティーツールは複数のシステムを横断的に管理することに特化している。特にシステム間連携が増えているような状況で、双方のシステムに導入すれば障害時にも簡単に問題を発見できるようになる。

オブザーバビリティーツールのエージェントは、さまざまなクラウドサービス、インフラ環境、アプリケーション開発言語に合わせたものが用意されている。後からの導入も可能だ。横断的に監視すれば、サービス全体の性能についても重要な示唆を得られる。

もう1つがCI／CDだ。すでにCI／CDを実践しているプロジェクトがあれば、それらを統合することは比較的容易である。Gitリポジトリを統合し、CI(継続的インテグレーション)ツールの統合を進めていく。これらの統合は、直接的なビジネス価値になりにくいが、ソースコードの監査・解析ツール、セキュリティー監視ツールを導入するといったガバナンスを高めるための基盤となり得る。

こうした取り組みの後にコンピューティングサービスやデータベースなどの統合を進めていくとよいだろう。

実績のあるツールやプラットフォームを活用する

IDP全体を整備するには、個別にツールを選択するのではなく、パブリッククラウドベンダーや、ベンダーが提供する統合されたツール群を利用するのがよいだろう。プラットフォームエンジニアリングが注目されたことで、各社ともプラットフォーム全体を統合して導入するためのプロセスやフレームワークの整備が進んでいる。こうしたものを利用するのもよい。

インターネット上で整理されている、プラットフォーム関連の情報は、どうしてもKubernetesが中心になりやすい。CNCFをはじめとして、海外の先進的な取り組みでは特定のクラウドベンダーへの依存を避けたり、デファクトになりつつあるKubernetesの採用が重要視されたりしやすい。

しかし第5章で述べた通り、まだKubernetesは成熟している状態とは言い難く、その運用にはリスクがつきまとう。2024年時点で、これからIDPの整備を進めていくのであれば、多くの企業にとってコンテナは前提にすべきだが、運用上のリスクが保証されない限りはKubernetesを前提としないようにすべきだろう。

最新の流行や特定の開発者の意見に従うこともよくない。プラットフォームは企業として整備すべきものであり、頻繁にツールを変更したり、人的依存性が強くなったりすることは望ましくない。重要なのは、プラットフォームエンジニアリングチームが管理可能であり、プラットフォームを通じて企業内のシステムにおける開発者体験の向上とガバナンスの両立を行うことだ。既存のインフラ環境で考えてきたルールに縛られず、クラウドネイティブな思想を学び、そこに最適化することを優先する。

こうした中では当然、既存の考え方との齟齬が出てくることもある。こうした場合にも、「過去のルールだから」という発想ではなく、なぜクラウドネイティブではそのようなアプローチが取られ、結果として、どのように生産性と統制に寄与するのかを理解しなくてはならない。本書で何度も述べてきたように、クラウドネイティブな発想は、過去の概念とは大きく異なるからだ。

チームトポロジー

では、プラットフォームチームは、どのように開発チームと関わっていくべきだろうか。これについては「チームトポロジー」が参考になる。

チームトポロジーは、マシュー・スケルトン氏とマニュエル・パイス氏が提唱した効果的なソフトウェア開発組織を設計するためのフレームワークで、2019年には書籍『Team Topologies: Organizing Business and Technology Teams for Fast Flow』（邦訳『チームトポロジー 価値あるソフトウェア

をすばやく届ける適応型組織設計』）で著している。この概念は、DevOps、アジャイル、マイクロサービスなどを前提とし、組織内のチームの構造とコミュニケーションパターンが、開発の効率性と成果に与える影響に注目している。

　チームトポロジーでは、ソフトウエア開発組織を4つの主要なチームタイプに分類している。そして、そのチーム間の関わり方（コミュニケーション）として3つの種類を定義している。4つのチームタイプ、3つの関わり方の種類の順に見ていく。

1．ストリームアラインドチーム（Stream-Aligned Team）

　ストリームアラインドチームは、特定のプロダクトやサービスの開発を担当するチームだ。ビジネスにおける価値の流れ（ストリーム）に沿い、サービスの開発を通じて価値の実現を目指す。一般的な開発チームに当たる。

　ストリームアラインドチームは、マイクロサービスで言われるように、アプリケーション開発におけるフロントエンドからバックエンド、インフラ構築や運用までフルスタックな能力を持ち、独自のリズムの中で作業を行っていく。

2．イネーブリングチーム（Enabling Team）

　イネーブリングチームは、ストリームアラインドチームが新しい技術やツール、手法を効果的に活用できるよう支援するための専門家チームだ。新しいツールや技術の導入に向けたサポートを行い、教育やコーチングを通じてストリームアラインドチームが自律的に課題に取り組めるようにする。

３．コンプリケーテッドサブシステムチーム（Complicated-Subsystem Team）

　コンプリケーテッドサブシステムチームは、複雑で高い専門性を必要とする技術的なサブシステムを管理・開発するチームだ。例えば、高度なアルゴリズムや特定の機能に特化した領域を担当する。これにより、ストリームアラインドチームが複雑な領域を担当する必要がなくなり、価値提供スピードを落とさずに済む。

４．プラットフォームチーム（Platform Team）

　プラットフォームチームは、ストリームアラインドチームがセルフサービスで開発や運用を行うためのプラットフォーム（インフラ、ツール、サービス）を提供する。

　続いて、これらのチーム間の関わり方を3つ紹介する。

１．コラボレーション（Collaboration）

　コラボレーションは、チーム同士が一時的に密接に協力し、一体となって共同作業をするような関わり方だ。複雑な問題や新しい機能の開発を行う際に、それぞれのノウハウを合わせて、素早く成果を出すために使われる。

２．ファシリテーション（Facilitation）

　ファシリテーションは、一方のチームが他方のチームをサポートするように関わる。チームが取り組み始めた問題の解決や新たな技術の習得を促進するようなときに用いる。

３．サービスとしての提供（X-as-a-Service）

　サービスとしての提供は、一方のチームがプラットフォームを提供し、

他のチームがそれを「ユーザー」として利用する関わり方だ。メンバー同士が直接的にコミュニケーションするのではなく、一方が提供したツールやAPIを、他方がセルフサービスで利用する。チーム間の役割が明確であり、一方がプラットフォームを提供することで、他方はそこで提供されている要素の管理が不要になる。

■■ プラットフォームエンジニアリングとチームトポロジー

　プラットフォームエンジニアリングは、チームトポロジーにおけるプラットフォームチームに当たる。主にストリームアラインドチームをユーザーとしてIDPを提供する。そこでの関わり方はサービスとしての提供であり、ツールやポータルの提供などになる。

　チームトポロジーの考え方で参考になるのは、ストリームアラインドチームにIDPを利用してもらうにはプラットフォーム以外のチームが必要になるかもしれない点だ。

　例えば、新たにプラットフォームを利用し始めるようなストリームアラインドチームに対しては、ファシリテーションやコラボレーションのような関わり方をしないといけない場合がある。すでにクラウドネイティブなアプローチに慣れており、IDPについての知識があるようなチームであれば、サービスとしての提供のような関わり方をするだけで十分だろう。

　しかし、オンプレミスの開発をしてきたようなチームや、新設されたようなチームの場合には、より深い関わり方をする必要がある。しかも、関わるのはプラットフォームチームとしてではなく、イネーブリングチームのように別に組織されたメンバーのほうがよいかもしれない。

　プラットフォームエンジニアリングチームは、全社の視点からプラットフォームを整備するためのリソースを確保しているため、個別のチームに対するサポートに専念するのは難しい場合がある。よって、初めてIDPの利用を開始するチーム、場合によっては同時にアジャイルに取り組み始め

るようなチームの場合には、別に専門の立ち上げチームを整備する必要がある。

　ただし、コラボレーションをして共同作業を行うような場合には注意が必要だ。オンプレミス開発に慣れたチームの場合、アプリケーション開発に特化した開発者しかおらず、インフラ構築や運用管理に慣れていないような場合、初期に共同作業をしてもらうことで、その部分についてチームの取り組むべき課題ではないと勘違いすることもある。あくまでもコラボレーションは短期間にしておく、チーム内でセルフサービスが可能な状態にしていくといった必要がある。その後はファシリテーションのような関わり方に変更し、あくまでもサポートに徹するといった進め方がよいだろう。こうすることによって、プラットフォームを利用するチームが段階的に学び、成長する機会を得られる。

　チームトポロジーの考え方は、組織の中にプラットフォームチームという新しい役割が出現することを明記するとともに、どういった関わり方によって企業全体の生産性を高めることができるかを考えるのに優れた概念だろう。

DevOps Four Keys

　DevOpsの「Four Keys」は、ソフトウエア開発と運用の能力を測定し、改善するために設定された4つの重要指標（メトリクス）だ。この指標はDevOps Research and Assessment(DORA) チームによる研究の成果であり、2018年発行の書籍『Accelerate: The Science of Lean Software and DevOps』（邦訳『LeanとDevOpsの科学[Accelerate]』）にて紹介されている。なお同年、DORAはGoogle Cloudに買収された。

　4つの指標は以下の通りだ。

1．デプロイ頻度（Deployment Frequency）

どのくらい頻繁に新しいリリースを本番環境にデプロイしているかを示す。短期間で頻繁にデプロイするほど、アジャイルで迅速にユーザーに価値を提供する能力が高いとされる。

2．変更リードタイム（Lead Time for Changes）

コードのコミットから本番環境でのリリースまでにかかる時間。このリードタイムが短ければ、それだけ開発からユーザーに届くスピードが早いことを示す。

3．変更失敗率（Change Failure Rate）

本番環境へのデプロイやリリース後にエラーや問題が発生する頻度を示す。失敗率が低ければ、それだけ安定してリリースできていることを示す。問題が発生してもすぐに対処できる体制が整っている場合も評価される。

4．サービス復旧時間（Time to Restore Service）

本番環境の障害や問題を解決し、サービスを通常状態に戻すまでの時間。障害発生から短時間で復旧できれば、それだけ迅速に障害対応できる能力が高いことを示す。

Four Keysには、リリースサイクルやリードタイムといったスピードに関する指標だけでなく、変更失敗率やサービス復旧時間など、システム全体の品質や安定性についての指標が含まれている。

Four Keysの意味

『Accelerate: The Science of Lean Software and DevOps』では、その名の通り科学的なアプローチをしており、数年にわたる調査の結果として、ビジネス成果を上げやすい優れた企業の共通点があることが分かっている。

まず、優れた企業は頻繁にデプロイを行い、リードタイムが短い。これにより、ユーザーに素早く価値を提供し、フィードバックを得るサイクルが速くなっている。変更失敗率が低く、障害が発生した場合でも短時間で復旧できる。このため、リリースが多くてもシステムの安定性を保つことが可能だ。これは、優れた企業が取り組むDevOpsでは、ITの提供スピードを上げることと品質を上げていくことにトレードオフはない、ということを意味する。

一般的な品質向上のプログラムでは、品質が向上するとITの提供スピードが遅くなるイメージがある。逆に、ITの提供スピードを上げると品質に影響が出るともいわれる。しかし優れた企業においては、そうした相関はないと分かっている。これはDevOpsが自動化や効率化に取り組むに当たって、スピードと品質の両立にも努めているからだ。

特に重要なのはテストやデプロイの自動化だ。これにより手動作業のミスや無駄が少なくなり、同時に高い信頼性と迅速なデリバリーが実現されている。また、Four Keysのような指標が積極的に利用されており、チームや経営層がデータに基づいて意思決定を行うようになっている。これによって、組織全体がプラットフォームの重要性を理解できるようになる。また、メンバーが失敗を恐れず新しいアイデアを試せる「心理的安全性」が高いことが特徴だ。これにより、失敗から学び、改善につなげる文化が生まれ、さらに企業としての能力を向上させることができる。

このようにプラットフォームに関わる成果を定量化し、その能力を評価することによって、企業の開発・運用のスピードや品質を高めることが、ビジネス成果につながっていくのだ。

第 3 部

ITロックインから
ITエンパワーへ

イントロダクション

　第2部を通じて、この25年間にITがさまざまな進化を遂げてきたことを紹介した。アジャイル、クラウド、DevOps、クラウドネイティブ（の発展）、マイクロサービスという技術が新しいトレンドとして登場し、広まっていく中で、バズワード化しているのも事実だ。ある人にとってはマーケティングメッセージに過ぎない何の実効性もないツールとみなされる。逆に過剰な期待によって、本来は手段であるべき要素を目的化して、何の成果も生まないどころか負の遺産になっているケースもある。

　こうした現象は、上述の技術を単体で取り出して見ているからだ。技術は積み重ねであり、課題と解決の連続だ。「どんな課題を解決しようとしているのか？」「副作用はないのか？」「それらは自社にとってどんな意味があるのか？」という点を理解しなくては技術を使いこなせない。

　ただ、そういった理解さえあれば実現は可能だ。上述の技術を実現するためのさまざまなツールが、パブリッククラウドサービス、オープンソースプロダクト、商用プロダクトなどとして世の中に提供されている。技術の理解を深めたうえでツールを使いこなせば、ITがビジネスをロックインするのではなく、ITがビジネスをエンパワーするように変革できる。

　とはいえ、経営層からメンバーまで全員が正しくITを学び、理解してからでないと変革を始められないわけではない。

　幸い、25年間の進化は経験主義によって推進されてきた。英国の哲学者ジョン・ロックは「人間の心は生まれたときには白紙であり、すべての知識は経験を通じて心に書き込まれる」と主張した。現代では遺伝学の発展によって、人間の能力もある程度は先天的な特徴を持っているとされているが、後天的な経験が人格や能力の形成に大きな影響を与えることは間違い無いだろう。アジャイルも、クラウドも、DevOpsも、マイクロサービスも、クラウドネイティブも、プラットフォームエンジニアリングも、よりよい状態を求めて実践している人々とシステムが存在する状況において、その「取り組み」に名前をつけたものに過ぎない。

　変革を目指す企業は経験を通じて理解していけばよい。スタート地点は

先人たちが築いてきた積み重ねの上からでよい。経験し、学び、理解し、改善し、そして自分たちの知識を積み重ねていく。そして、いつか振り返ったときに変革を感じる。

　企業において経験からの学びを効率化するにはポイントがある。

　まず、組織として「取り組みの目的は経験から学ぶことだ」と認める。新しい取り組みを開始するときに既存のルールや文化が壁になることがある。そこで「なぜ、やるのか？」と問われても、経験しなくては学べないことを実践する前に合理的に説明するのは難しい。「とりあえず、やってみたい」と挑戦できる場がなくては何も始まらない。

　ただし、取り組みは小さく始めるべきだ。新しい取り組みを「今度の大規模システム開発で経験させよう」というのは避けるべきである。企業にとって重要な取り組みであるほど、失敗を許容できないものだ。不確実性を減らそうとするあまり、過去の経験によって得た知識を使えば、学びは薄くなる。

　とはいえ、経験からの学びが特定の部門や個人に閉じてしまっては意味がない。組織として、学びの結果を共有できる仕掛けが必要になる。

　ここで、第6章で紹介したIDPが参考になる。IDPは技術的な基盤というだけではなく、知識を組織として共有する仕組みでもある。

　そこで第3部では、企業が経験から学びITロックインを打破してITエンパワーを達成できるように、「企業内プラットフォーム」と呼ばれる取り組みを紹介していく。トピックは「企業内プラットフォームの効能」「企業内プラットフォームへの取り組み方」「ITでエンパワーする」の3つだ。順に解説する。

第 7 章

企業内
プラットフォームの
効能

7-1

DXのためのプラットフォーム

　第7章では企業内プラットフォームに取り組む事例を紹介しながら、どのような形で大企業が企業内プラットフォームを構築し、ビジネス成果につなげようとしているのかを紹介する。主要な取り組みは以下の3つだ。

- DXのためのプラットフォーム
- レガシーモダナイゼーションのためのプラットフォーム
- 内製化のためのプラットフォーム

　これら1つひとつは独立した存在ではなく、相互に関係する。企業の置かれた状況によって、それぞれの重みは異なるだろうが、構築するものや、そのために必要な要素は非常に似通っている。

DXと企業内プラットフォーム

　企業にとってDXの推進は大きなテーマとなっているが、第1章でレガシーシステムが足かせとなっている現状について説明した。レガシーシステムを改修するにはコストと時間がかかるため、結果としてDXが進まなくなる。この状況に陥っていても、企業内プラットフォームを整備することで、DXを進められるようになる。

DXとレガシーシステム

　DXとは、ITを活用してビジネスを変革する取り組みだ。ITを前提にする

ことで、業務プロセス、組織構造、ビジネスモデル全体を見直し、新たな価値を創出することを目指す。それには変化への素早い対応やデータの活用が必須であるとされている。

既存のレガシーシステムでは変化への素早い対応は無理だろう。レガシーシステムはITロックインを引き起こす元凶であり、それを改修し続けたところで素早さを手に入れるのは無理だ。

そのためレガシーシステムとは切り離して新たなDXプロダクトを開発し、そのDXプロダクトにおいて変化への素早い対応の実現を目指していくべきだろう。そのためにアジャイルを導入したり、クラウドやDevOpsを活用したりする。

ところがDXプロダクトを実現しようとすると、大きな問題が発生する。DXプロダクトには、レガシーシステムの活用が必要なのだ。正確にいえば、DXにはレガシーシステムに格納されているデータやレガシーシステムが抱えるビジネスロジックを活用する必要がある。

DXが、完全に新しい顧客のための新しいビジネスであれば、レガシーシステムなど不要だ。しかし多くのDXプロダクトは既存の顧客に新しいサービスを提供するか、新しい顧客に既存のサービスを提供する形を取る。そうでなければ、ビジネスとしての優位性を確保しにくいからだ。これは新規ビジネスに取り組むベンチャーとは状況が異なる。

そこでDXプロダクトを担当するチームは、レガシーシステムの担当チームと調整し、そのデータの活用やロジックの利用について検討を進める。しかしこれは簡単ではない。レガシーシステムを担当するビジネス部門や開発部門にとって、DXプロダクト対応の優先度は低くなりがちだからだ。

これは無理もない話である。レガシーシステムは、企業にとっての基幹であり、現状の売り上げや利益を支えている。これから立ち上がるDXプロダクトは目標とする売り上げも利益も小さく、初期段階では赤字だ。こうしたDXビジネスに対して本業で予定されている作業より優先してDX

プロダクトのために作業することは理にかなわない。また、レガシーシステム側の投資を絞っているような状況になると、新たに予算取りから開始しなくてはならない。この労力は小さくない。

さらに、DXプロダクトは複数のレガシーシステムと密接に関わることが多い。これはDXプロダクトによって実現したい顧客体験が、複数のレガシーシステムと関係するからだ。多くの企業は、DXを推進しようとしても、データがサイロ化されたレガシーシステムによって分断されている。結果として、顧客からすると一元的に見たい情報が分散してしまう。実際、このような顧客にとっての不便さを改善するためにDXプロダクトを企画するケースは少なくない。こうした場合、DXプロダクトを複数のレガシーシステムと連携させる必要がある。

レガシーシステム側がDXプロダクト対応を優先できず、しかも複数のレガシーシステムで対応が必要であると、DXプロダクトの担当チームは疲弊する。これは誰が悪いというよりも、DXに取り組むときの宿命のようなものだ。

では、どうすべきか。以降でその方法を見ていこう。

■ レガシーシステムを覆い隠す

前述のようにDXプロダクトとレガシーシステムにはさまざまな不整合や齟齬がある。このような状態を「インピーダンス・ミスマッチ」と呼ぶことがある。インピーダンスとは交流回路の電気抵抗値のことで、その不整合を意味するのがインピーダンス・ミスマッチだ。接続された回路間でインピーダンス・ミスマッチが起きると、エネルギーが効率よく伝わらず、信号の反射やエネルギーの損失が生じる。例えばアンテナと送信機のインピーダンスが一致しないと、電力の伝達効率が下がり、通信性能が低下する。

電気電子でのこの現象と同じように、DXプロダクトとレガシーシステ

ムでは整合性が取れていないため、担当者同士のコミュニケーションやデータ連携などさまざまな側面で非効率と能力低下が発生する。これを指して、ITの世界でもインピーダンス・ミスマッチという言葉が使われるようになった。

電気電子の世界でインピーダンス・ミスマッチを解決するには、間にトランスフォーマー(変圧器)をはさむ必要がある。これによって相互の回路を変更せずに電気抵抗値を合わせ、効率的なエネルギー伝達を実現する。同じようにレガシーシステムとDXプロダクトの間にもトランスフォーマーが必要だ。

このために整備するのが企業内プラットフォームである。専門の企業内プラットフォームチームを設けて、このチームがDXプロダクトを見据え、レガシーシステムのデータやロジックを活用するためのAPIを整備する。この際、レガシーシステムとの調整は企業内プラットフォームチームが引き受ける。第6章で紹介したチームトポロジーにおけるプラットフォームチームとして機能するのだ。

DX向け企業内プラットフォームのメリット

この取り組みには、以下のようなメリットがある。

複数のレガシーシステムに蓄積されているデータや機能は、企業内プラットフォームに用意されたAPIを通じて利用可能になっている。DXプロダクトチームはそれらのAPIを利用することで、レガシーシステムごとの調整を施すことなく、必要なデータや機能にアクセスできる。結果として、新しいDXプロダクトを迅速に立ち上げたり、レガシーシステムを活用して効率的に開発したりできるようになる。

この企業内プラットフォームはクラウドネイティブに開発すべきだ。その中身は**図表7-1**のように3階層の構造になっている。

■ 図表7-1　企業内プラットフォームの3階層構成

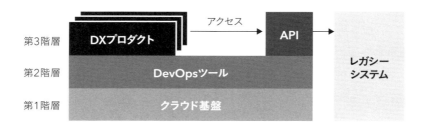

　第1階層は土台となるクラウド基盤だ。パブリッククラウドサービスを利用するのが簡単だろう。第2階層にはDevOpsを実現するための基盤を整える。Gitリポジトリ、CI／CD、開発ツール、IaCツール、それらのテンプレートやガイドラインが含まれる。第3階層には具体的なAPIを実装する。DXプロダクトも第2階層を利用して開発し、第3階層にあるAPIを利用すればいい。

　このように企業内プラットフォームを構成することで、DXプロダクトに対してクラウドネイティブに取り組むことが可能になる。企業内で新たなDXプロダクトを構築するときも、同様に取り組むことで、標準化と効率化が進む。開発者は統一されたインフラやツールを使うことができ、個別のシステム設定や環境構築の負担が軽減される。さらに、ガバナンスが統一されるので、セキュリティー基準やコンプライアンス要件を一貫して適用できるため、セキュリティーリスクを抑えながらスピーディーに開発できる。このような仕組みは、DX推進において迅速な対応と高い信頼性の両立を可能にする。

　企業内プラットフォームの整備は大きく始める必要はない。その時点でDXプロダクトが必要とするAPIから整備していく。もちろん、壮大な企業内プラットフォーム整備計画を立案してもいい。ただ往々にして「必要だろうと思って整備したAPI」は使われない。具体的なニーズに基づいて作っていくほうが無駄は少なくなる。もちろん、アジャイルやクラウドが

実現してくれることでもある。

　作業を小さくすることはレガシーシステムとの交渉においても重要だ。例えば四半期単位でAPIを追加し、6カ月のリードタイムで実現するといったルールを決めれば、レガシーシステムもDXプロダクトも、それに合わせて計画を立てられるようになる。

　時間が経つごとに企業内プラットフォームは重要性を増していく。APIが充実していけば、それが全社の基盤として定着し、後発のDXプロダクトの開発スピードはさらに高まる。的確なAPIがなければ、既存のAPIを活用して可能な機能を提供し、追加のAPIの開発を依頼する。こうした制約や枠組みは、ステークホルダーの判断スピードを上げ、より全体としての素早さにつながっていく。

　次に、小売業A社の事例を紹介する。

小売業A社の事例

背景

　小売業A社は、店舗での販売を中心にしていた。店舗を実現するための商品管理、レジ、在庫管理、物流管理などレガシーシステムを抱えていた。ところが新型コロナウイルス禍によって店舗を休業せざるを得ない状況になり、リモートでの顧客との関係を強化するための必要に駆られていた。

取り組み

　そこで企業内プラットフォームの整備を前提として、新たなDXプロダクトの開発を始めることにした。DXプロダクトの要件として、モバイルアプリを利用して顧客とのコミュニケーションを行う機能、およびリモート決済を行うための機能が挙がった。コミュニケーション機能については

プロダクト特有の要件であったが、リモート決済を行うための仕組みについては、今後の事業展開を踏まえ、共有機能として開発すべきであると判断した。

そこでDXプロダクトチームは顧客と従業員のコミュニケーション機能と、従業員や顧客が利用する決済フロント機能を開発し、企業内プラットフォームチームが決済機能に必要なAPIを整備するという分担にした。

これによりDXプロダクトチームはレガシーシステムとは切り離して開発を推進できた。企業内プラットフォームチームはレガシーシステムとの調整を進め、決済に必要なさまざまなAPIを準備していった。結果として、DXプロダクトを無事にリリースした。

この企業内プラットフォームは、リモート決済が完了したことをスタッフに通知するために、レガシーシステム内で売上計上された決済結果をストリーム出力する機能を有していた。この決済結果ストリームには、店舗の情報も含まれていたため、この機能を利用し、店舗の特定の売上情報を担当スタッフへ社内チャットで即時通知する機能を開発できた。これによって店頭スタッフの集計業務を効率化した。

第3部　ITロックインからITエンパワーへ

第7章

企業内プラットフォームの効能

7-2

レガシーモダナイゼーションのためのプラットフォーム

■■■ レガシーシステムと企業内プラットフォーム

　DXの推進を目的として企業内プラットフォームを推進するには、レガシーシステムにアクセスするためのAPIの整備が必須になる。しかし、レガシーシステムによっては、これが簡単ではない場合がある。

　特に社内の業務部門向けに開発したレガシーシステムは、社内ユーザーに限って使うように構築されてきた。その結果として、稼働時間が日中帯のみであったり、性能のキャパシティーが社内ユーザーだけの利用を前提にしていたりする。このようなレガシーシステムに対して透過的にAPIを提供すれば、レガシーシステムの運用を不安定にしてしまう。

　この場合は、レガシーシステムのデータを企業内プラットフォームにも蓄積したうえで、企業内プラットフォームにあるデータをDXプロダクトに提供する。

　レガシーシステムのデータを企業内プラットフォームに「リフト」していく方法は複数ある。ここでは、第4章で紹介したシステム連携の整理手法を使う。

　例えばDXプロダクト側で参照したいデータであれば、レガシーシステムとDXプロダクトで求められるデータの整合性によって手法が異なる。マスターデータのような日中帯の不整合が許されるようなものは夜間バッチでファイル連携すればよい。不整合が許容されないなら、レガシーシステムのデータベースからデータをリアルタイムで吸い上げて蓄積する。CDC(Change Data Capture) と呼ばれるツールを利用すれば、レガシーシステ

216

ムのデータベースの変更情報を検知し、ストリームを通じてクラウドサービスにデータを送信できる。その中間的なものであれば、1時間おきや10分おきなどにデータをコピーしてもよいだろう。

どんな手法を取るにせよ、レガシーシステムのデータが企業内プラットフォームに蓄積されてくると、企業内プラットフォームがレガシーシステムのモダナイゼーションにも活用できることが分かってくる。

段階的なレガシーモダナイゼーションの実現

レガシーシステムの再構築に大きな困難が伴う要因の1つは、その開発が大規模になりやすいことだ。業務のITロックインにより、ビジネスとITをつなぐノウハウが喪失していると、再構築後のシステムに必要な機能や、周辺システムとの連携を取捨選択できなくなる。すると、すべての機能を引き継ぐ「現行踏襲」が求められる。これによって再構築後のシステムは、必ず現行システムよりも複雑で巨大になる。

企業内プラットフォームが、この問題を解決し得る。現在のレガシーシステムそのものを「現行踏襲」として保持しながら、ビジネス価値の高い機能を段階的に企業内プラットフォーム上に構築できるからだ。この機能を開発するには、レガシーシステムのデータが必要になるが、それにはすでにDXプロダクトのために蓄積されたデータが利用できる。

図表7-2のように、DX推進を目的としてレガシーシステムのデータの一部を企業内プラットフォームに保存する。この状態では、レガシーシステムが存在し、既存の他システムと連携している。

このうえで、企業内プラットフォームに保存されたデータを活用してレガシーシステムの機能の一部をクラウドネイティブにシフトするのだ。この方法が優れているのは、レガシーシステム本体の改修が不要であり、周辺の既存システムにも何の影響もないことだ。

■ 図表7-2　企業内プラットフォームによるストラングラーパターン

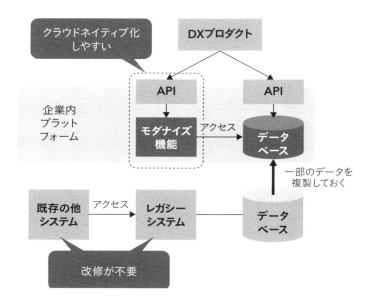

　このような進め方は、第4章で紹介したストラングラーパターンの実践に当たる。ストラングラーパターンは、レガシーシステムの段階的なマイグレーションを可能にする。これは一括再構築におけるリスクを軽減するだけではなく、レガシーシステムの再構成を実現する。つまり無駄な機能をなくしたり、新たに効率的なロジックに変更したりすることが可能になる。現行踏襲の問題は、すでに存在するレガシーシステムが保証する。

　新たに作った機能は、それを必要とするDXプロダクトに提供していけばいい。連携先の既存システムが、いつかクラウドに移設され、モダナイズされた機能を使うようになれば、めでたくレガシーシステムは不要になる。

　段階的なマイグレーションにおいては、従来のシステムと新しいシステムを同時に運用する二重コストが懸念される。ストラングラーパターンではこれは杞憂だ。モダナイズされた機能はクラウドネイティブに構成され

ており、企業内プラットフォームチームによってインフラや運用プロセスの多くが自動化され、コストが最小限に抑えられる。その結果、レガシーシステムチームからしても、大きなコストにはつながらない。

このような進め方ができれば、レガシーシステムのモダナイゼーションの長期的な計画において柔軟性を確保できる。もちろん計画を立てて取り組むべき重要なシステム改定もあるだろうが、すべての機能を一度に移行するのではなく、優先度の高い機能から順に移植していく。これはビジネス環境の変化に適応するうえで重要な柔軟性だ。

モダナイゼーションが不要なシステムやプロセスは後回しにして、最終的にそれらを廃棄してしまう。これにより再構築の際に現行踏襲の罠から逃れ、より適切で最新の技術に基づいたシステム設計が可能になる。これが、マイクロサービスによって実現する「進化的設計」の意味だ。

以下で、建築業B社と金融業C社の事例を順に紹介する。

■ 建築業B社の事例

背景

建築業B社は、建築に関わる複数の業務システムを運用している。建築業では、提案、設計、施工という大きな流れの中で、それぞれの専門業者が関わりながら仕事を進めていく。業務システムは、社内の業務効率化だけではなく、外部の専門業者とも共有し、さまざまな業務に利用していた。課題としては以下のようなものがあった。

- システムは個別のログインや権限設定が必要で、現場に負荷がかかっていた
- システムによっては特定の部門向けになっており、業務効率化の範囲が限定された

- システムによって別々の開発ベンダーに依頼しており、インフラ構成やアプリケーションの構造が異なり、運用費と保守費がかさんでいた

取り組み

DXを目的として、個別システムの再構築を検討する中で、企業内プラットフォームを整備し、個別の業務システムを順次、企業内プラットフォーム上に移設していく方針とした。これによって、以下のようなシステムを目指した。

- 認証認可を一元化し、シングルサインオンを実現する。自社の認証基盤や人事システムと連携し、認証情報を生成。これまで個別に実装していた認証と権限管理を一元化することで、コスト削減とセキュリティー強化を図る。
- 企業内プラットフォームにデータ基盤を構築し、設計や施工に関わるデータを一元管理する。システム同士でデータを共有できるようにして業務効率を向上させる。
- 企業内プラットフォーム上のプロダクトはすべてコンテナアプリケーションを前提とし、パブリッククラウドサービスのPaaS上で稼働。インフラ構築は、すべてIaCツールで管理し、最終的には1000以上のコンポーネントの定義を行う。

アプリケーションはマルチベンダーで、アジャイルによって開発。システム移設を段階的に継続しており、数年をかけてすべてのシステムを再整備する。サービスを小規模化させることが可能になったため、既存のシステムから再構成し、より業務シーンに応じて最適な選択を可能にした。インフラ管理は情報システム部門の若手が担当することでテスト環境準備の柔軟性が向上。並行開発においてもインフラ構築がボトルネックとならず

に開発を推進できた。

金融業C社の事例

背景

　金融業C社は、コンシューマー向けのファイナンスサービスを提供していた。もともとは現金の引き出し・預け入れのみを提供しており、そのためのレガシーシステムが存在した。しかし、業態の変化に伴いサービスを拡大。外部業者とも連携するようなさまざまなファイナンスサービスを提供するようになった。しかし、それらの新規サービス向けの対応はレガシーシステムのみではできず、個別のサービスごとにオペレーターが手数料を計算していた。

取り組み

　今後もサービスの拡大が見込まれるため、レガシーシステムを含めた全体の再構築を検討した。その際に、このファイナンスサービスに特化した企業内プラットフォームを整備し、サービスごとに移設していくことを推進した。

　移設に当たり、企業内プラットフォーム側では実績情報の集約と蓄積、計算ルールエンジンを整備することにし、移設するサービス単位で必要な実績情報や計算ルールを段階的に追加実装して、整備を進めていった。これによってサービス全体に必要なデータやルールを整理することが可能になり、新規サービスへの対応も容易になっていった。内製化の開発メンバーを集め、業務オペレーターが利用する画面の開発にはローコードを採用、計算ルールエンジンの開発にも取り組んだ。

7-3

内製化のための
プラットフォーム

　これまでのようなDXプロダクトの開発やレガシーモダナイゼーション
への取り組みは、長い時間がかかるだろう。しかしその時間は必要なもの
だ。

　多くの企業が「2025年の崖」と呼ばれる問題に直面しており、レガシー
システムに埋め込まれたビジネスについての知識の継承が課題となってい
る。ただし、レガシーシステムが抱える技術的な制約を継承する必要はな
い。

　ビジネスについての知識を継承し、それを新たな技術で再現するには、
DXプロダクトや企業内プラットフォームの開発に取り組むのが最も効率
がよい。アジャイル、DevOps、マイクロサービス、クラウドネイティブと
いった要素に取り組み、成果を上げ、たまには失敗し、そうした経験から
学び、理解し、改善していけるようになる。

　その中で、企業内プラットフォームが企業としての内製化にとって効果
を生むポイントがある。

　経験から得た知識は、DXプロダクトチームや企業内プラットフォーム
チームの中で暗黙知として継承するだけでなく、企業内プラットフォーム
にAPIやドキュメントとして形式化し蓄積していく。このAPIやドキュメ
ントは後に続くチームも利用できる。これによって標準化された知識を全
社で共有する。

　APIやドキュメントを利用するほど、そこにはフィードバックが集まっ
てくる。最初から理想のAPIやドキュメントを作ることは困難だ。ある
DXプロダクトにとって適切だったAPIが、他のDXプロダクトには適切

ではなかったとすると、その裏にあるビジネスや業務の仕組みについての理解を促すことになる。そして、集まってきたフィードバックによって、APIやドキュメントを改善していける。

企業内プラットフォームの整備に当たっては、常に「企業全体の視点」と「個別プロダクトの視点」を行き来する。企業にとって全体最適と個別最適のバランスは常に重要だ。例えば、ある事業領域に個別最適化したITを整備していくのは、そのビジネスの観点からすれば望ましい。半面、そこに特化してコストやIT人材をかけ過ぎるのは効率が悪い。多くの事業領域をカバーするように全体最適化した汎用的なITを整備していくのは、ITの投資対効果としてはよいかもしれない。しかし、個別の事業領域で手作業が増えて業務負荷が高まってしまえば本末転倒だろう。

企業内プラットフォームの開発では、目的を常に問われるだろう。個別のDXプロダクトの要望に基づいて開発するAPIが、そこだけでしか使えないものでよいのか、ある程度は汎用的にすべきなのか、個別最適と全体最適のバランスを取るようにする。

もちろん最初から最適なバランスは難しいが、時間をかけて改善していくことによって、あるべきバランスを学んでいけるはずだ。こうしたビジネスとITの関係性を戦略的に思考できるようになることが非常に重要だ。

これらの取り組みすべてを社員だけでやり遂げることはできないだろう。外部ベンダーの力も借りていくことは必定だ。その場合でも、さまざまな役割に社員が参画することによって長期的に内製化能力が向上し、ベンダーに依存し過ぎない自律性を身に付けられるだろう。

第 8 章

企業内
プラットフォーム
への取り組み方

8-1

企業内プラットフォームの
立ち上げ

　前章では企業内プラットフォームのあり方を説明してきた。では、このような企業内プラットフォームの立ち上げは、どのように開始すべきだろうか。

　取り組み方について、以下の3つのパターンが考えられる。

- 半島型パターン
- 孤島型パターン
- 出島型パターン

　これらは既存システムやプロセスが存在する領域を大陸と捉え、新たに取り組む新領域をどのように配置すべきかを示している。

半島型パターン

　半島型パターンは、新領域が既存領域に強く影響を受ける状態を示す。特に重要なのが「決定の変更」に対する許容だろう。既存領域では「最初にすべてを決定し、それを遵守する」ことが常識になっている。その常識は、新領域についても適用されている。こうした状況で企業内プラットフォームの立ち上げは困難になる。

　半島型パターンにおいて、新領域のチームは以下のようなことに直面するだろう。

- 稟議決裁にて機能一覧、スケジュール、コストが決定されている

- 稟議決裁には「アジャイル、クラウドネイティブで実施する」などの記載があるが「完成する機能は試行錯誤の結果、変わることもある」との記載はない
- 開発すべきシステムの実現性の検証が行われていない
- 新領域に割り当てられた要員は、アジャイルやクラウドネイティブに関する教育を受けたことはあるが実践したことはない
- 仕様の決定は企画部門が行い、開発されるシステムを使って成果を上げるべき事業部門とのコミュニケーションに距離がある
- 既存領域の部門同士の関係性が持ち込まれ、部門をまたがるコミュニケーションは定期的なミーティングやメールになってしまう
- システムのインフラ、リリースプロセスなどは既存領域に従うことが決定されている
- アジャイルを望んでいるのは開発部門だけ

　半島型パターンの最大の問題は、既存のルールが無意識のうちに適用されてしまうことだ。半島型パターンでは、経営層をはじめとして、ビジネス部門のメンバー、さらにはDXプロダクトチームのメンバーすらも、アジャイル用語が既存のウオーターフォールプロセスの名前を呼び変えただけのものになる。スクラムマスターが実質的にプロジェクトリーダーの役割を果たす。

　特に開発部門だけがアジャイルの採用に前向きな場合は注意が必要だ。アジャイルの特性は「ビジネスの状況に合わせて、優先順位を変更すること」だが、ビジネスの状況を正確に把握できるのは事業部門だけだ。そのため事業部門もアジャイルの特性を理解し、それを活用するという認識が必要になる。仮にこれが困難だとしても、企画部門が理解している必要がある。

　事業部門や企画部門が大陸の中にいるままで、そこから切り離された開発部門のメンバーだけが半島側にいるような場合、あらゆる取り組みは正

しく機能しない。新しく開発されるプロダクトにビジネスの変化に対応する能力があったとしても、誰も、それをしようとしないならうまくいくはずがない。

　さらにプロジェクトが進捗する中で以下のようなことが判明すると大きなねじれが生じる

- 決定済みの機能に実現性がない、あるいはビジネス上の価値が低い
- 決定済みの機能を実現するには当初以上の工数が必要になる
- 決定済みの機能にビジネス的な価値が少ない

　アジャイルチームは定期的な確認と計画を繰り返しているため、上記のような状況を把握し、対応が必要なことを理解している。これに対してビジネス部門が当初の決定にこだわり続ける場合、状況の変化に対応する判断が行われない。そのためチームは「価値がないと分かっているものを作る」という状況に陥る。そして、実質的に悪い意味でのウオーターフォール開発プロセスと変わらない状態になっていく。

　しかし、そこまでアジャイルで開発していると全体計画が明確になっていないため、プロジェクトの進捗の把握が困難になる。こうした状況に陥るとチームが正常化することはきわめて困難だ。半島型パターンになっている場合、やるべきことは経営層、事業部門、企画部門、開発部門を横断して、アジャイルの特性を理解することである。そのうえで、このプロジェクトにアジャイルを採用する必要があるのか、判断しなくてはならない。

孤島型パターン

　孤島型パターンは、既存領域と新領域が完全に切り離された状態を示す。このパターンであればチームはアジャイルでもクラウドネイティブでも自由に取り組むことができる。しかし、既存領域に事業部門や企画部門

が残っているなら、高い成果を上げることはできないだろう。孤島型パターンにおいて、新領域のDXプロダクトチームが直面する状況は以下の通りである。

- アジャイルチームの創設が決定しており「新規DXサービスの立ち上げ」といったような曖昧な活動定義がある
- 予算はついており、1年程度の活動費は確保されている
- 新領域に割り当てられた要員は、アジャイルやクラウドネイティブの教育を受けたことはあるが実践したことはない。ただし、コーチなどのサポートをつけることは可能
- 既存領域の企画部門は関わらないが、新領域に企画を担当する専門メンバーがいる
- 事業部門が関わることにはなっているが、新領域の重要性について合意がなく、あまり労力を割いてくれない
- システムのインフラ、リリースプロセスなどは既存領域に従わない。逆に既存領域のシステムとのデータ連携が許可されていない

　孤島型パターンの最大の課題は、事業上の成果を出しにくいことだ。DXでは、既存ビジネスやサービスの変革が大きなテーマだ。しかし「既存領域のルールがあってはうまくいかない」という判断のもと、その制約を避けることに注力した結果、既存領域との関係性が希薄になり、その既存資産を生かすことが困難になる。

　例えば、レガシーシステムとのデータ連携が簡単には実現できないため、手作業でデータを連携するといった事態になる。これでは機能上の制約が大きくなり、もちろん、ビジネス的な価値も低くなってしまう。場合によっては、既存領域の事業に対する侵食であるとみなされ、データ提供を拒否されることもある。こうした状況に陥ったチームは、自分たちが作っているものが使われないことから、時間が経つにつれてモチベーショ

ンが下がっていく。新領域に参加する面白さは、ビジネスの変化に応じて、より高いビジネス価値の実現を目指して新しい機能を開発していくことだ。いくら新しい取り組みをしていても、それに企業として価値がなければ、どんなに技術的に先進性があったとしても、いつかは興味を失っていく。

出島型パターン

出島型パターンは、意図的に新領域を作り、既存領域と適切な関係性でつなぐことで、一定の独立性を認めながらも、企業としての事業価値を高めるために新たな取り組みが機能している状態を示す。このパターンこそが、新たな取り組みにとって最も望ましい。

実際の出島の歴史は複雑だ。1550年、ポルトガル船が長崎を訪れるようになり、その後、長崎港が造られてポルトガルとの貿易が発展していく。これに伴って、宣教師がキリスト教を布教するようになる。幕府は当初寛大だったが、次第に宣教師や教会関係者が力を持つようになると、1612年にはキリスト教禁教令を発令する。そして、1636年には長崎に住んでいたポルトガル人を収容するために長崎に人工の島を造る。これが出島だ。

その後、1637年に起きた島原・天草一揆をきっかけに1639年にはポルトガル船の来航も禁止し、出島からも追放してしまう。こうして、いわゆる「鎖国」を開始した。

しかし幕府としては貿易を完全に遮断するのではなく、布教よりも商業を重視するオランダとの貿易だけは続けたいと考えていた。そこで、1641年に平戸から出島にオランダ商館を移転し、その後、安政の開国までの200年以上にわたって利用した。

出島の造成には謎があるものの、組織が意図を持って新領域を作り、明確な成果を得ていたことが重要だ。

出島型パターンにおいて、新領域のDXプロダクトチームは以下のような状況にある

- 達成すべきビジネス課題が明確であり、1年間は活動できる予算がある
- ビジネス課題に直接関わる事業部門がアジャイルチームに深く連携している
- 新領域に割り当てられた要員は、アジャイルやクラウドネイティブの教育を受けたことはあるが実践したことはない。ただし、コーチなどのサポートをつけることは可能
- 既存領域の企画部門は関わらない
- システムのインフラ、リリースプロセスなどは部分的に既存領域に関わり、既存領域のシステムとサーバー間連携が許可されている

　大陸と出島における組織やシステムのコミュニケーションルールを適切に設定しなくてはならない。システムの場合は、前述した企業内プラットフォームが関所となり、双方のやり取りを中継する。組織面でも、同じような関所が必要になるだろう。双方の関係性を、どのように近づけていくのかは企業によって考え方が異なるだろう。人間関係を作るほうがよい場合もあれば、上位層が仲介しなければならないこともある。いずれにせよ、そこに意図を持ち、両者へのリスペクトを持つことだ。同じ企業に所属しているなら、上るべき登山道は違えど、目指すべき山頂は同じだ。
　こうした状況が整えば、新しい取り組みは成果を上げることができる。

8-2

ビジネス側として取り組むこと

　では、いかにして出島型パターンを作り上げるべきだろうか。このために特にビジネス側が取り組むべきことについて整理する。

■■■ アジャイルを理解する

　第2章で紹介したようにアジャイルは、ビジネスとITの整合性を取るための優れた手法である。その仕組みはシンプルでありながら、間違いなく効果的だ。

　しかしアジャイルを有効に機能させるには、関係者の協力が必須である。組織が既存のプロセスばかりを優先し、アジャイルの仕組みを軽視するなら、間違いなくうまくいかない。

　まずは組織としてアジャイルについて共通理解し、どのように運営するのかについて議論する必要がある。そのために、第2章で紹介した電車のたとえを利用し、スクラムを理解するワークショップの開催を提案する。

　ワークショップは以下のような組み立てで、1〜1.5時間程度で完了できる。

　　人数：数人〜数十人
　　参加資格：できる限り、あらゆる部門
　　実施方法：4〜5人がチームに分かれて島を作る
　　準備するもの：人数分の付箋紙の束とペン
　　時間割：項目ごとの時間は場に合わせて修正

- 個人でワーク：5分
  - アジャイルについて思いつくキーワードを付箋に書く
- チームで共有：10分
  - 自己紹介をして、付箋の内容を紹介する
- 個人でワーク：5分
  - 第2章の「電車で理解するスクラム」を読み、気になったことを付箋にメモ
- チームで共有：10分
  - なぜ、電車型がよいのかについて意見を交わす
- チームで発表：10分
  - 最大5チームほどから議論の内容をコメントする
- 個人でワーク：5分
  - 第2章の「電車を安全に運行する」を読み、気になったことを付箋にメモ
- チームで共有：10分
  - 会社の中で電車の運行がうまくいかなくなるようなことがあるかについて意見を交わす
- チームで発表：10分
  - 最大5チームほどから議論の内容をコメントする
- 個人でワーク：5分
  - もし、スクラムを自分の仕事で使うなら、どんなことが課題になるか付箋にメモ
- チームで共有：10分
  - 自分の会社でスクラムが適用できるかどうか意見を交わす
- チームで発表：10分
  - 最大5チームほどから議論の内容をコメントする

このワークショップは、自由に議論を交わし、アジャイルに取り組むに

当たっての組織の課題を共有するためのものだ。電車のたとえ話を使うことによって、部門やIT知識にかかわらず相互理解を促進できる。

よくある議論は、以下のようなものだ。

- 子供のことを真剣に考えていない親が多い
- 声が大きい親が決めたことに流されがち
- 並び順を決めるのに親同士が話し合ってくれない
- 駅長が大変過ぎる
- 親や駅長が変わる（異動する）と最初からやり直しになる
- 電車が常に遅延している
- 電車の屋根に人が乗っている（過積載）

こうした議論が出るのは非常によい。多くの企業で同じような問題がある。アジャイルは開発部門だけのものではなく、ビジネスとITをつなぐために必要であり、それには相互の理解と協力が必要であることが理解できればいい。

なお、ここで出るような問題は別にアジャイルに特化したものではなく、おそらくウオーターフォールでも内在するはずだ。こうした機会に、システム開発におけるビジネス部門の関わり方について議論するよい機会となるだろう。

開発のリズムを尊重すること

アジャイルの導入に当たって重要なのは、開発のリズムを企業全体で尊重することだ。スクラムが提供しているのは仕組みに過ぎない。その仕組みを生かすも殺すも使う側の問題だ。その点を深く理解し、合意したリズムを尊重する必要がある。

リズムを尊重するには、意思決定者の関与が絶対に必要だ。定められた

スケジュールを守って案件を提出し、適切なタイミングで優先順位を決定することの重要性を納得してもらう必要がある。これがうまくいくと、スクラムは効果を発揮する。

何かの問題があっても、その問題について意思決定者が正しく把握できる。ビジネス部門からの要求が曖昧なのか、プロダクトオーナーの立ち回りがよくないのか、開発者が成果物を作りきれないのか、いずれにしてもスクラムという枠組みがあることで、問題が見えやすくなる。

もし意思決定者がスクラムのリズムを尊重できないなら、組織としてスクラムが効果を発揮することはない。しかし優秀なプロダクトオーナーがいると、この問題が顕在化しないこともある。優秀なプロダクトオーナーは組織の中を駆けずり回って、意思決定者やステークホルダーと話し、開発がうまく進むよう調整できる。ただこれによって成功したとしても、プロダクトオーナーの能力に依存しているので、組織として同じような成功を広げていくことはできない。

スクラムのリズムは、企業やプロダクトの特性によって全く違う。第2章を参考にしながら、適切なリズムを設定する必要がある。

筆者の経験では、金融、医療、通信、建設などいわゆる規制産業ではリズムを速めるのに限界があり、四半期単位などでリズムを設計すると理解されやすい。コンシューマー向けプロダクトの場合は、月以下の週や隔週単位での活動が求められやすい。

8-3

IT側として取り組むこと

　では、出島型パターンを作り上げるのにIT側は何に取り組むべきだろうか。本書ではアジャイルから出発し、クラウド・DevOps、マイクロサービス、クラウドネイティブの発展とITの歴史をひも解いてきた。この中で大事なのは、プロセス、アーキテクチャー、機能、ビジネスの関係性を正しく理解することだ。

プロセスとアーキテクチャーと機能

　参考になるのは、JIS規格 X 25010：2013 (ISO/IEC 25010：2011)「システム及びソフトウェア製品の品質要求及び評価（SQuaRE）－システム及びソフトウエア品質モデル」だ。この規格はソフトウエアやシステムの品質を評価し、適切に品質管理をするための基準を提供している。

　ソフトウエアやシステムの品質を評価するための特性を体系的に定義しているが、その中で「ライフサイクルでの品質」として定義された図が、システムにおけるプロセスとアーキテクチャーと機能とビジネスの関係性を理解するのに役に立つ。

■ 図表8-1　ライフサイクルでの品質

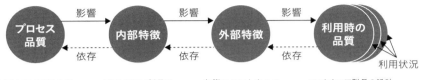

日本工業規格JIS X 25010：2013（ISO/IEC 25010：2011）システム及びソフトウェア製品の品質要求及び評価（SQuaRE）－システム及びソフトウェア品質モデルの「附属書C（参考）品質モデルの測定への利用」に収録された「図C.2－ライフサイクルでの品質」を参考に筆者作成

　その図を参考に作った図を**図表8-1**に示した。これには、白抜き文字で示した4つの要素が含まれている。
　左端の「プロセス品質」は、ソフトウエア製品の設計、開発、テスト、リリース、運用に至るプロセス自体の品質を指す。ソフトウエアの「手法」に関する品質であり、直接的に見ることができない。プロセスを定義した文書があったとしても、それが正しく実行されたかどうかを後から評価しようとしたとき、その詳細や実行の状況が分かりにくい。
　左から2番目のソフトウエア製品の「内部特徴」は、ソフトウエア製品のモジュール配置やソースコードなど、システムの内部構造に関わる品質特性を指す。内部特徴は機械的に評価できる。ソースコードや設定ファイルなどが明確に残っているためだ。静的コード解析ツールなどを使えば、コードの複雑さや再利用性などを定量的に評価できる。
　ソフトウエア製品の「外部特徴」は、実際にソフトウエアが動作し、ユーザーが使ったときの挙動や動きに関わる品質特性を指す。一般にソフトウエアの「仕様書」として定義されるもので、テストの対象となるものだ。仕様書に記載された通りに挙動しないことをバグという。バグが修正されなければリリースされない。
　右端の「利用時の品質」は、ユーザーがソフトウエアを使用した際に体

験する品質だ。ソフトウエア製品がユーザーにとってどれほどの価値があるのかを評価する。利用時の品質を複数の円で表現しているのは、利用者や利用状況によって同じ機能であっても評価が変わることを意味する。例えばリストを表示する機能があったとして、ある人には見やすかったとしても、別の目的を持った人には必要な情報が欠けており、使いにくいことがある。利用時の品質は、実際のユーザーからのフィードバックがなければ評価できないため、アンケート調査、ユーザビリティーテスト、利用状況のモニタリングなどによって定量化する。

　これらの4つの要素が相互に影響し、依存している。つまり以下のような関係になる。

- プロセスが正しく実行されれば、内部構造も整備され、
- 内部構造が整備されていれば、機能も正しく動き
- 機能が正しく動けば、（利用状況が適切な）利用者にとって価値が高くなる

　これはとても重要なことだ。システム開発をしていると、4つの要素がまるで別物のように扱われることがある。プロジェクトマネジャーはプロセスだけを、ITアーキテクトは内部構造だけを、システムエンジニア（SE）は機能だけをそれぞれ重視する。ユーザーにとっては利用時の品質がすべてだ。

　住宅建築の工法を例に説明する。「2×4(ツーバイフォー)工法」という言葉を聞いたことがあるだろうか。木造建築の代表的な工法で、2インチ×4インチの角材を基準にすることに由来する。角材と合板を接合したパネルを作り、そのパネルを使うことで壁や床、天井といった「面」で建物を支える壁構造だ。面で荷重を分散させるため、剛性が高く、地震や風に強い特徴がある。

　同じ木造でも日本の在来工法は、柱や梁などの「線」で建物を支える軸

238

組構造と呼ばれる。柱と梁で組み立てることにより、柱同士を貫通材でつなぐ形で強度を持たせる。間取りの自由度が高く、大きな開口部も容易に設計できる。しかし、2×4工法に比べれば、地震や台風の影響を受けやすい面がある。

当然ながら、建築するためのプロセスは異なる。

2×4工法の場合は、パネルサイズが規格化されているため、設計にも専用のツールがあり、パーツを組み合わせて設計する。その設計図を基に2×4パネル工場がパネルを製造し、建築現場に搬送して利用する。組み立てには釘や金物を多用し、早い段階から建物の強度を確保する。

一方、在来工法は現場に柱と梁を持ち込み、これを組み立てて骨組みを構築し、その後に壁を取り付けていく。釘や金物のほか、接合部には伝統的な仕口やほぞなどの技術を使う。

本題は構造の優劣ではなく、プロセスと構造と機能の関係性である。それらは分かち難く、一緒に語るべきものだ。どちらかだけを議論しても意味がない。これは建築においては当然である。新しい建材や構造を利用したいなら、それを実現するためのプロセスも一緒に検討しなくては建物を作れない。

翻って、システム開発ではどうだろうか。

- プロジェクトマネジャーは内部構造を軽視し、プロセスだけを重視する
- アーキテクトはプロセスを軽視し、内部構造だけを重視する
- SEは内部構造を軽視し、機能だけを重視する

こんな状態でよいものが作れるだろうか？

マイクロサービスは、クラウドとDevOpsを前提とし、大規模システムにおいてアジャイルを機能させるためのアーキテクチャーパターンだ。これらの要素は、違いに依存し、影響し合っている。だからこそ、それらを

バラバラに適用しようとしてもうまくいかない。

利用時の品質に注目する

　アジャイルから始まった25年は、ソフトウエア製品の評価が利用時の品質へフォーカスしていった歴史でもある。そもそもアジャイルは、システムを仕様通りに作るための手法ではなく、よりビジネス価値の高いシステムを作るための手法だ。

　ウオーターフォールの進め方は、どうしても外部特徴である仕様の実現をゴールにする。なぜなら、それは自分たちで測定可能であり、評価できるからだ。もしゴールが「ユーザーの満足度」という曖昧なものになったら、計画を立案するのは難しくなる。

　アジャイルはこれを大きく変えてしまった。アジャイルは明確に価値をゴールにする。だからこそ、機能は手段である。そして、機能を素早く変更するには「安定したプロセス」と「柔軟な内部構造」が必要であることも理解している。アジャイルは電車型によって安定したプロセスを提供し、インフラの自動化がシステム構造に柔軟性をもたらした。だからこそ、利用時の品質を高めることができる。

　第3章で紹介したSREのエラーバジェットやカオスエンジニアリングは、利用時の品質を高めるための考え方だ。利用時の品質を適切に保つには、利用している状態における挙動を評価し、テストするしかない。もちろん利用中に実施するからこそ、そこにいるユーザーに影響が出てしまう可能性がある。しかし計測しなければ評価も改善もできない。一定のリスクを取ることによって全体としての利用時の品質を高めるのは必要なことだ。

　DXを進めていくなら、ITを生業とする人間こそが、プロセスとアーキテクチャーと機能とビジネスの関係性を正しく理解する必要がある。何のためにITを使っているのかを間違えてはならない。

経営学者ピーター・ドラッカー氏の著書『マネジメント[エッセンシャル版] - 基本と原則』（上田 惇生 翻訳、ダイヤモンド社）では「三人の石切り工」という寓話が紹介されている。

三人の石切り工の昔話がある。彼らは何をしているのかと聞かれた時、第一の男は「これで暮らしを立てているのさ」と答えた。第二の男は、槌で打つ手を休めず、「国中でいちばん上手な石切りの仕事をしているのさ」と答えた。第三の男は、その目を輝かせ夢見心地で空を見あげながら「大寺院をつくっているのさ」と答えた。

この寓話は、仕事に対する意識や目的意識の違いを示しており、ドラッカー氏はこれを通じて、組織におけるビジョンの重要性や、従業員が自分の仕事の意義を理解することの大切さを説いている。

あなたは何人目の石切り工だろうか。

第 9 章

ITで
エンパワーする

第1部では、レガシーシステムが引き起こすITロックインとして以下の3つを提示した。

- 金と人材のロックイン
- 業務領域のロックイン
- 思考のロックイン

続く第2部では先進的なウェブサービス企業がITロックインを回避するために推進してきたアジャイル、DevOps・クラウド、マイクロサービス、クラウドネイティブの発展、プラットフォームエンジニアリングという25年間にわたるITの進化を説明した。

これらの動向を踏まえて、レガシーシステムを抱える企業が取り組むべき「企業内プラットフォーム」の目的と、そのために取り組むべきことを第3部で紹介した。企業内プラットフォームを利用したDXプロダクトの開発が、やがてレガシーマイグレーションにつながり、その経験を経て内製化を推進することでITロックインが解除され、ITエンパワーへと変わっていく。

改めて、この流れを整理しよう。

ITロックインからITエンパワーへ

ITロックインは、企業が自ら構築したシステム群に、自らのビジネスが縛られている状態だ。

これまでのシステム開発は、企業の持っている事業能力を効率化するために使われてきた。かつては事業を遂行するのにさまざまな手作業による業務が必要であった。この業務に必要なプロセス・情報・ルールをシステム化することで、業務の標準化・効率化を達成することが重要だった。こうした業務システムは、システムを操作する人が、システムが必要とする

情報を入力することで自然に答えが出てくる。

しかし、そうやって作ったシステムは、業務が変更されるたびに金と時間がかかる。業務を写し取っているのだから当然だ。ビジネス環境の変化に事業能力を対応させようとしても、システムの変更が足かせとなり、業務を変更しにくい。そうやって、いつの間にかシステムが業務を縛り付け、結果として事業能力の足かせとなってきた。

企業の中には、そうやって作った幾つもの業務システムが存在し、相互に情報を交換している。それぞれの業務に閉じた改善や変更であれば、金と時間がかかるものの業務システムは修正できる。しかし、企業内のビジネス全体の仕組みを大きく変更しようとすると、物事はさらに複雑になる。業務は個別のシステムだけではなく、それらの連携先のシステムによっても縛られている。よって、ビジネス全体が縛られてしまう。こうなれば身動きが取れない。

ソフトウエアは名前ほど柔らかくない。1本の針金は自在に形を変えることができるが、それを何万本も使って編み込んだものは、強固な塊になる。そして、天井からひもで吊るされた大きさの異なる幾つもの塊を、互いにひもでつなぎ合わせていったのが企業システムだ。どこを切ったら何が起きるのか、想像もできない。

第2部で紹介したITの進化は、巨大化・複雑化するシステム群を管理するための手法の進化といえる。企業のシステム群がワイヤーを編み込み、つなぎ合わせていった芸術作品であることに変わりはない。ただ、ITの進化によって、1つひとつの塊を小さくできるようになり、どのようにつながっているのかが見える化できるようになり、整理整頓しやすくなった。

確かに、管理はしやすくなったが、今までのように業務をそのままIT化しているようであれば、ITロックインが緩くなるだけで、ITエンパワーに至ることはできないだろう。

人と組織を成長させる

ITがビジネスをエンパワーするのに必要なのは、技術の進化だけではない。企業の人と組織の成長も必要である。優れたプロダクトを買ってくることや、よいコンサルタントを雇うことは足がかりや推進になるだろうが、企業の人と組織が成長しないならDXは達成できない。

企業が人と組織を成長させるために必要なのは、成功だけでなく失敗も含めた豊かな経験だ。経験の積み重ねこそが、ただの知識習得を超えて実践力を育む。未知の技術的課題や、ビジネス部門との調整に向き合い、時には失敗を通して学ぶことで、人は成長する。

個人の成功と失敗の積み重ねは、組織全体の能力を高める。豊かな経験の中で得た知見を共有すれば、次世代の人材は、その上に立って学びを積み重ねることができる。失敗を恐れず挑戦し、試行錯誤できる文化が育てば、それこそが企業の事業能力を高めることにつながる。

過去には豊かな経験が可能だった時代がある。インターネットバブルからオープン化が進んだ1990年代から2000年代にかけて、新たにさまざまな業務システムが作られた。当時の30〜40代が、それらを主導し、決断し、成功や失敗を経験してきた。その彼ら・彼女らは四半世紀が過ぎて2025年以降にどんどんと引退していく。

2010年代に入ると、新たなシステムを開発する機会は大きく減ってしまう。内部統制の強化もあり、プロジェクトマネジメントは常にリスクを最小化するようになり、チャレンジよりも石橋を叩くことが重要とされた。そして情報システム部門はレガシーシステムの保守に従事する可能性が高まっている。

情報処理推進機構（IPA）が提供する「ソフトウェア開発分析データ集2020」および同2022によると、2012年度〜2017年度の新規開発が35.6％なのに対し、2016年度〜2021年度は新規開発が29.1％に減少し、改修・保守が41.8％から51.5％に増加している。

> 参考情報：IPAの「ソフトウェア開発分析データ集2020」と同2022
> https://www.ipa.go.jp/digital/software-survey/metrics/metrics2020.html

ITエンパワーに向かう

　新たなシステム開発を増やすべきだ。それを常に行う状態にする必要がある。このために企業内プラットフォームを利用したレガシーモダナイゼーションは最高の題材となる。

　アジャイルによって、システム開発は仕様を満たすためにやるのではなく、ビジネス価値を高めるためにやるのだということが常識になった。ビジネス側は常に優先度を検討でき、開発側は安全に変更を受け入れることができる。

　クラウド・DevOpsによって、インフラ構築や運用作業を自動化し、プロダクトを24時間動かし続けることが常識になった。開発側は自分たちでシステムを運用できるようになり、システム構成に柔軟性が生まれた。運用側は、単純作業の自動化を実現するツール群を整備し、より本質的な問題に向き合う余裕が生まれた。

　マイクロサービスによって、システムをより小さなサービスやアプリに分割し、連携させることで、大規模システムであってもアジャイルが機能することが常識になった。クラウド・DevOpsが複雑化する運用管理を容易にしてくれる。ビジネス側も開発側も運用側も、継続的に改善を繰り返しながら、より価値のあるシステムの実現が可能になった。

　さらに複雑化するシステム構成や運用環境に対して、オープンソースではさまざまなプロダクトが作られている。まだまだ発展途上ではあるが、いずれ成熟していくだろう。

　こういったものを社内向けにプラットフォーム化し、新たな標準化の形を目指したのがプラットフォームエンジニアリングだ。クラウド基盤やDevOpsツールをそろえるだけでなく、ノウハウを集積し、ガバナンス

を利かせながら、開発者が効率的に新しい開発に取り組めるようにしていく。

　レガシーシステムを抱える企業であれば、すぐにでも企業内プラットフォームを構築しながら、DXプロダクトの開発とレガシーモダナイゼーションに取り組むべきだ。レガシーシステムは維持されているから大きなリスクはない。既存のクラウドサービスやDevOpsツールを使えば大きなコストはかからない。プラットフォームを通じてガバナンスやセキュリティーを利かせることができる。

　となれば、やらない理由は1つもない。ただ経験がない。だからこそ、小さく始めるべきだ。どれだけ早く取り組み、どれほど濃密に体験を積み重ねられるかが、これからの数年で大きな差になって表れるだろう。

　ITエンパワーが実現できてくると、どのようなことが起きるだろうか。筆者もITエンパワーを完全に実現できたわけではないが、その片鱗が垣間見えたことがあるので、最後にそうしたストーリーを6つ紹介しておこう。

▰ ストーリーＡ：業務現場へのIT導入

状況

　多くの企業で、業務現場へのIT導入を支援しているスタッフがいる。そうしたスタッフは現場と開発チームの間で苦労することになる。

　「業務現場が欲しいもの」と「開発チームが作るもの」にはどうしてもズレが生じる。業務現場から上がってくるリクエストは、その部門で必要とされる機能やアイデアだ。しかし開発チームからすればコストの制約もあり、どの部門でも使えそうな機能を開発してしまう。結果的に、個別の現場に持っていっても「使えない！」というフィードバックになりがちだ。

システム開発の進め方にも問題がある。業務現場に要件をヒアリングしてから数カ月経って、いきなり「システムが完成しました。使ってください」と持っていく。当然、現場では「使いにくい」という意見ばかりが出る。しかし作ってしまったシステムの機能を変えることもできないので、「でも使ってください」としか言えない。そうなってくるとIT導入を支援するスタッフは現場に行くのが怖くなる。

取り組み後

新しい取り組みでシステムを開発してみた。スクラムでは1週間のスプリントを回し、クラウドやDevOpsを導入して素早い開発ができる状況にした。進め方も大きく変えてみた。作り込んだシステムを持っていくのではなく、まずは粗削りなシステムを業務現場に持ち込んでみる。そして、そこで出た意見を持ち帰ってブラッシュアップし、また持ち込む。

こうやって、毎月のようにやり取りしていった結果、数カ月後には業務現場のマネジャーから「システムを初めて身近に感じた。現場の要望をきちんと取り入れたシステムが出来上がった印象を持った。この開発の進め方を続けてほしい」と言ってもらえるようになった。この言葉を聞いて、現場に行くのが怖くなくなったそうだ。

こうした取り組みを通じて、IT導入を支援しているスタッフは、自分たちの役割を「システムを導入する人」ではなく「業務現場の課題をシステムで解決する人」として再定義した。さらに完成したシステムに自信があるので、単に解決策を提案するだけでなく、導入初期の現場に入ってシステム運用を手伝うようになった。そうやって現場と一緒に手を動かすことで、システム導入の効果や課題をきめ細かく把握できることにも気づいた。

結果、いきなりシステムを完成させるのではなく、業務現場と一緒に作っていくほうが、はるかに効率的だと理解するようになっていった。

■■■ ストーリーB：法人営業担当者

状況

　BtoBシステムの場合は、大口の顧客には営業担当者がつく。そうした営業担当者は、客先に行くとシステムに対する何らかのフィードバックをもらうことがある。こうした要望は情報システム部門に渡される。しかし、特にそれが何かに活用されるわけでもなかった。

　システムは不定期に変更されるが、その連絡があると営業担当者は顧客に説明しに行かなくてはならない。新しい機能を説明するが「そんな機能は要らないから、この前伝えたやつはどうなった。やる気はあるのか？」といわれるが、どのような状態なのかはよく分からず、「帰って、開発部門に聞いてみます」と答えて、お茶を濁していた。

取り組み後

　3カ月ごとの定期リリースを実施することにして、営業から上がってきた要望をきちんとバックログとして管理するようにした。仕様は情報システム部門とサービスの担当部門だけで決定できるためリードタイムは4〜5カ月程度にできた。

　このようなリリースサイクルが回るようになると、営業からのフィードバックが増えるとともに「顧客訪問がしやすくなった」という意見が出てきた。その顧客が興味を持つ機能が分かっているので、機能のリリース時期が決まると、過去に似たような要望を持っていた企業のところに「以前におっしゃった機能が1〜2カ月後にはリリースできそうです」と先回りして訪問できるようになった。逆に、興味がない顧客にはメールだけで済ませてしまう。

　タイミングがよければ、要望を聞いてから半年ぐらいで機能を実現できる。これぐらいのスピード感で対応できれば法人サービスとしては十分

第3部　ITロックインからITエンパワーへ

だ。顧客からすれば、自分の要望を素早く聞いてくれる素晴らしいサービスだ、ということで利用が増えていく。

数回のリリースを繰り返すうちに、組織の中でフィードバックをまとめるタイミング、そこから機能を決定するタイミング、リリースするタイミングなどが共有されてくる。そのため営業担当者もサービスの機能に興味を持ち、いろいろな提案をしてくれるようになってきた。

■ ストーリーC：意思決定者とのコミュニケーション

状況

意思決定者への報告ミーティングは数カ月単位に行われていた。最初にプロダクトの目的と現状についておさらいする。そして現在、開発している機能について説明し、承認をもらう。過去にリリースした機能の成果は、聞かれたら答えるが、こちらから言うことはない。特に成果がかんばしくないときはなおさらだ。

「あの件はどうなった」と、もう何度目かの質問が出る。「まだ検討中です」「あれは早いほうがいいぞ」「分かりました」と言っても、今期はもう無理で、来期にできるかどうかも分からない。来期に作ったところで、「もうその機能は要らないだろう」と言われるかもしれない。1時間のミーティングは、幾つかの話題で盛り上がり、フィードバックを受けながら承認されて終わった。

取り組み後

新しいサービスの立ち上げをスクラムで実施してみた。かなり挑戦的な取り組みだったので、週次での報告ミーティングを調整したところ「やってみよう」ということになり、毎週、報告会を開くようになった。

まず、プロダクトの目的と現状をおさらいする時間が不要になった。そ

の代わり1時間で、(1) 来週のリリース内容の確認、(2) 現状の成果共有、(3) 将来について、の3テーマを話せるようになった。毎週会話しているので、現状を的確に共有している前提で話し合える。そのため「前回のリリースの評価がこうだったから、今後はこんなことに取り組みたい」という話が通じ、判断がスムーズになる。

　成果共有では成功も失敗も報告できるようになった。「1年かけて作った機能が全然ダメでした」とは言いにくいが、数週間～1カ月で作った機能を改善するなら話しやすい。しかも根拠が、実際に現場で使われたうえでの話なので、改善の必要性に説得力がある。

　成功も失敗も共有できるので、開発の方向性が変わることを恐れる必要がなくなった。どんな仮説で取り組もうとしているのかが分かっているので、成果が成功であれ、失敗であれ、状況をありのままに報告して次につなげる、というよい循環が生まれるようになった。

　しばらく経つと、段々と隔週ごとの開催になってきた。話し合う内容は現状の成果と将来について時間を割くようになり、役員レベルの会話から出てきたようなこともフィードバックとしてもらえるので会社の戦略とのつながりを感じられるようになった。相互に信頼が生まれており、何か急な問題のときにも簡単な報告で理解されるようになっている。

■■■ ストーリーD：開発者の変化

状況

　システム開発を始めるために、仮想環境であってもインフラ部門にサーバー構築依頼書を書く必要があった。必要なサーバーのスペックを決定し、そのサイジングになった理由を添付する。そもそも依頼書に書くべきことが多く、初めてだと意味の分からない項目もあった。先輩の作った依頼書をコピーして作り直して提出したら、インフラ部門に受け付けてもら

えず、その理由が分かるまで時間がかかった。受け付けられてから2〜3週間待つこともあった。

取り組み後

クラウドとDevOpsによってインフラ構築と運用を開発チームでセルフサービス化することになった。インフラ部門にクラウドのアカウントを発行してもらい、最低限のネットワーク構成を作ってもらった後は、すべて自分たちですることにした。

外部の専門家に支援してもらいながら、IaCツールによってサーバーを構築することになった。知らない単語も多かったが、1つひとつの意味を理解しながらサーバーを設定し、自分のブラウザーから接続できたときはうれしかった。

そのうちパターンが分かってくると、複数台の構成や複雑な構成も理解できるようになってきた。IaCツールの場合は、明らかな間違いはツールが教えてくれるし、やってみて思った通りに動かなければ、作り直して試行錯誤すればいい。外部の専門家には、レビューしてもらいながら効率的で保守性の高いコードの書き方を教えてもらった。

IaCツールの実行もCIツール上で実行することで、いつ、誰が、どのような変更を加えたのかが、すべて履歴として残るようになった。最初のうちはエラーが発生したり、設定ファイルを壊したりすることもあったが、本番システムが出来上がる頃には、ミスなく対応できるようになった。

本番リリース後はオブザーバビリティーツールのアクセスログやパフォーマンスレポートを見ながらチームで話し合う機会を持った。パフォーマンスに問題がある箇所をドリルダウンし、どんなリクエストで、どんな問題があるかを画面共有する。その場にはコーディングを担当した人もいるので、問題を把握し、チケットを起票する。

これまで準備も含めて1年がかりでリリースしていたようなシステムが、小さく開発できるようになったこともあり3カ月ほどで初期リリース

できるようになってきた。機能の変更に伴ってインフラ構成に変更がある場合でも、すぐに対応できる。サービスへのアクセス増加が想定されるときも、事前にサーバー台数を増やし、オブザーバビリティーツールを見ながら様子を見て、問題がなくなればサーバー台数を減らしていく。それも開発チームの1つのタスクとして管理されている。

ストーリーE：IT企画部門の変化

状況

　ウオーターフォール開発での開発が当然だった。業務現場からのヒアリングに苦労しながら要件をとりまとめて開発部門に提示する。ベンダーからの見積もりは予算を超過しており、どの機能を削るのかを考える。とはいえ、今、言っておかなければ、いつ対応されるかも分からない。曖昧な部分はあるが、要件として提示し、後は開発部門とベンダーで調整してもらうしかない。

　基本設計が始まり、画面やロジックのレビューが始まる。全体感のない説明で、画面を見せられる。しかし、業務のことを全く考えていない提案ばかりで、レビューの指摘をリストに書き込むのに労力がかかる。

　基本設計が終われば少しは時間ができるので、現場の教育計画や導入計画に取り掛かる。事前に設計資料をもらってマニュアルを準備していると、開発チームから仕様の問い合わせが入ってくる。機能を単純にできないか問われるが、現場に確認したところ、過去に数回は起きている現象だというので、削減できない旨を返事する。

　数カ月後からは受け入れ試験と運用試験に立ち会う必要がある。

取り組み後

　新しい取り組みの中でシステム開発を始めると聞いていたが、初めのう

ちは何が起きているのか理解できなかった。基本設計書レビューもないま
まに、動いているシステムのレビューが行われ、そこで意見を求められ
た。機能そのものには不満がなかったが、進め方に納得がいかないとク
レームを言った。ところが、現場とはプロダクトオーナーが調整している
ので大丈夫だという。しかも、優先度の低い機能は実装しないという。

　３カ月後にはリリースされるというので、慌ててマニュアルの準備など
を進めていく。対象となる業務は確立されていなかったが、早い段階から
動くシステムがあるので、これを使って現場と相談しながら業務を決めて
いく。幾つかのフィードバックはあるが、運用で何とかできるものなので
「まずは、これでいきましょう」と回答する。

　いざ、リリースされたが、予想通り幾つかの課題が出る。ところが、そ
れが翌週には改善される。現場からも文句はあるものの、すぐに修正され
るので長引かない。「こういう場合にはどうするんだ」という問い合わせ
もあるが「実際に発生したら、とりあえずは運用で対応して、システム化
するかどうかは別途考えましょう」と回答する。

　機能の追加や改善を相談していても、個別に見積もりが出てくるので本
当に必要かを考えやすい。「これだけの効果しかないに、こんなにかかる
のなら、仕様を削ったほうがいい」と考えて、業務現場とも交渉する。本
当に必要になったら１〜２カ月でリリースできるので、急いで決める必要
もない。

　常に開発しているので、企画部門としても常に忙しい。開発チームが変
なことを言うときもある。しかし何よりも楽しい。

■ ストーリーＦ：プロダクトオーナーの変化

状況

　業務現場で新たな取り組みを開始するのにシステムが必要だったが、情

報システム部門に依頼しても、個別対応はできないと断られていた。そこで部門予算で外部のSaaSを活用して取り組みを開始してみた。

　成果を上げられたが、蓄積されたデータはSaaS側にしかなく、自社の業務システムとは連携できていない。結果として、顧客のデータと重ねた分析ができないので、継続的な取り組みがしにくくなっていた。ここまでの成果を持って情報システム部門と、改めて話し合った。

取り組み後

　情報システム部門と話し合いを重ねる中で、新たなDXプロダクトとして企業内プラットフォームの上で開発することが決定した。自分自身が情報システム部門に異動し、プロダクトオーナーに任命された。業務現場にいると開発に専念できない、という判断で決定した。

　業務現場出身なので、現場メンバーと会話できる。企業内でのステークホルダーとの調整もできた。しかし、システム開発に携わることが初めてだったので、何をしていいか分からない。そこで外部の専門家にビジネスの要望からIT機能へ落とし込む支援をしてもらい、チームとしてプロダクトオーナーをやってみることにした。日々、あるべき姿を検討し、それを基に開発チームと会話する。それが業務に組み込めるのかについては、業務現場の意見も聞きながら決めていく。

　3カ月程度で初期リリースができるようになったので、現場の教育をして運用を開始した。既存のSaaSを活用した状態で、業務現場が使いやすくするための機能を開始した。レガシーシステムとの連携は企業内プラットフォームチームが調整してくれた。一部の連携は運用開始時に間に合わなかったが、順次整備する中で、どんどん機能は使いやすくなった。

　開発コストはIT予算ではなく、業務現場に経費として負担してもらった。ただ企業内プラットフォームをIT予算で整備したため、十分にビジネス効果を生み出すことができた。

　このDXプロダクトの成功をもって、その企業では他のDXプロダクト

の開発や、レガシーマイグレーションを継続して実施していくことになった。プロダクトオーナーは引き続き、情報システム部門内でさまざまなシステムを担当することになった。

■ ITがビジネスをエンパワーする意味

企業内プラットフォームに取り組み始めた企業では、上記に挙げたようなことが起きている。逆にいえば、その前の「状況」が似たようなケースは多い。

業務の遂行にはシステムが必要であるにもかかわらず、システムが変化に対応できないため、その周辺の業務現場やビジネス部門とのコミュニケーションが悪くなっていたのだ。今までは、それが当然であり「システムだから、しょうがない」と思って、人や組織が課題を覆い隠していた。

いざ、新しい取り組みを開始してみると、その範囲が情報システム部門の改善にとどまらず、ビジネスにも影響があることに気づく。そして、これまでのコミュニケーションに課題があったことを再認識する。しかも、コミュニケーションの変化は無理に引き起こしたものではない。システム開発においてアジャイルやクラウド・DevOpsなどに取り組んだだけだ。しかし、それらがビジネス部門と開発部門と運用部門など、さまざまな部門をつなぎ合わせ、コミュニケーションを誘発し、フィードバックとリリースを繰り返しながらシステムを改善していく。この流れができてくる。

これが新たな取り組みによって得られる「変化に対応する」という状態だ。システム開発が効率的になるとか、デリバリーのスピードが上がるとか、開発者のモチベーションが上がるといったことすら、副次的なように感じるはずだ。

最も重要なのは、企業の中の組織や人が、ビジネスの必要性に合わせて、システムを変化させられる、という実感を得ることだ。この実感があ

ることで、ビジネスのあり方は大きく変わる。

　今、必要なことは何か？　それだけのお金と時間をかける価値があるのか？　そういったことをビジネス部門からシステム開発の現場までが当然のように会話できるようになるべきだ。

　これこそが、ITエンパワーの入り口なのだ。

おわりに

　本書は、2016年に発行した拙著『Cloud First Architecture 設計ガイド』（日経BP）を土台にして書き下ろした。当時はアジャイル、クラウド、DevOps、マイクロサービスという4つのキーワードを紹介し、エンタープライズ領域のITエンジニア向けに、クラウドをシステム開発に適用するための設計ガイドとして執筆した。

　それから8年が経ち、当時は未成熟だったコンテナ管理ツールの「Kubernetes」が普及し、「IDP(Internal Developer Platform)」や「プラットフォームエンジニアリング」という概念も登場している。2018年には経済産業省がDXレポートを公開し、「2025年の崖」という期限を前提にしてDXの必要性が声高に叫ばれた。2019年末からの新型コロナウイルス禍によって、企業内のコミュニケーションスタイルは大きく変わった。

　2024年になって改めて世の中を見たとき、2016年から大きな変化がないことに気付いた。

　Gartnerが提唱するハイプサイクルでは、技術は人々の興味が集まり始める黎明期から、世の中の注目を浴びて過度な期待が集まる流行期を経て、多くの失敗とともに関心が薄れて幻滅期に至る。そして、技術の価値や限界が理解されて実用的な応用が進んでいく回復期を過ごし、安定期の中で進化を継続する。

　アジャイル、クラウド、DevOps、マイクロサービス、クラウドネイティブといった言葉は本来、回復期に入っていくべきだ。しかしエンタープライズ領域では、いまだにバズワードとして幻滅期の中に沈んでいる。おそらく、これらの技術が「先端」だと騒がれ過ぎたために、レガシーシステムを抱える人たちは無関係なものだと判断し、理解すべき対象と捉えていないのだろう。

　これは大きな誤解である。本書で取り上げた技術こそが、レガシーシステムの呪縛を打破するために必要な概念であり、知識なのだ。これを少し

でも多くの人に理解してもらうために本書を執筆した。

　本書を手に取っていただき、あとがきまでたどり着いた読者には心から感謝する。技術は時間の経過の中で課題解決を繰り返しながら進化している。一番上だけをすくい取って、それっぽいことを書いても本質を理解できない。そのため、技術の歴史を追うように本書を執筆した。そして、言葉と概念を積み重ねながら技術への理解を深めていく。かなり面倒な手続きではあるが、その過程で皆さんの中に残るものがあれば非常にうれしい。

　本書は歴史を考察すると同時に、実践的であることに重きを置いた。歴史の通りに行動しても、うまくいくとは限らない。登場人物の置かれた状況が違えば、取るべき行動も異なるだろう。そのため「どんな状況において技術が有用であったのか」、そして「どんな限界があるのか」について筆者の経験も含めて記した。万能な技術は存在しない。そのうえで、それらの技術が普遍的に達成したと思える概念や、それをエンタープライズ領域で活用するための注意点について述べた。

　「常識」というのは、人の頭に驚くほど固着していて動かしがたい。それを変えるには行動し続けるしかない。その行動が組織に浸透し当たり前になることで、新たな「常識」になる。

　新しい経験という「紙」を数枚重ねても、遠くから見つけることはできない。しかし、それを何百枚、何千枚と重ねていけば、目に見える変化として表れてくる。ただし、正しく積み重ねなければ崩れてしまう。

　本書の知識は、読者が現在の常識にとらわれ過ぎずに、紙を積み上げる方法を示唆する。そして、その過程で変化への対応力が養われるはずだ。行動せずに学ぶことはできない。

　とはいえ、一人で行動するのは危険だ。ぜひ社内に仲間を見つけてほしい。できれば、役職の高い人から若い人まで多様性があるほうがよい。そして仲間を集めたら、とにかく行動することだ。現在の「常識」に敬意を払いながらも、新たな価値観が「常識」になるまで諦めない。

本書を書くために、さまざまな文献を読み直したり、新たに読んだりする機会を得た。数多くの先人たちが残した言葉や行動は、筆者の言葉なんかよりはるかに洗練され、実感がこもっている。そうした文章を引用し、偉業を紹介させてもらうことで、本書に説得力を持たせられたと思う。

　本書で取り上げた技術も、いつかは古いものとなるだろう。生成AIがさまざまな技術に組み込まれていくことで、革新的な概念やアイデアが出てくるはずだ。ただ、そうした場合にも歴史の積み重ねは裏切らない。本書で著した内容は、これからも変わらず技術知識の基礎になると信じている。

　執筆のきっかけを与えてくれ編集してくれた日経BP 技術プロダクツユニット　クロスメディア編集部の皆様に感謝する。松山貴之さんが「そろそろ、Cloud First Architecture 設計ガイドを書き直すころじゃないですか？」を声をかけてくれなければ、本書を執筆することはなかった。

　本書の内容は、先人の知恵だけではなく、一緒に働いている同僚や、一緒に取り組んでいる顧客からのフィードバックを基に磨いたものだ。常に前向きに信頼を寄せてくれて、ともに歩めていることをうれしく思う。

　コミュニティーも大事な場だ。Javaコミュニティーに関わっていなければ、オープンソースによるイノベーションに実感を持てなかっただろう。そのほか、たくさんのコミュニティーに参加することで、さまざまな思想に触れることができた。言葉やコードを通じて意見を交わすことほど効率的な学びはない。

　本の執筆は、自分自身との対話だ。読み返すたびに見落としていた考えや疑問が見つかり、その都度、新たな言葉を紡ぎ出す必要が生じる。それを見守り、支えてくれた家族にも感謝している。読者にも、そんな対話の中からインスピレーションを与えられたなら幸いである。

2024年12月吉日　鈴木 雄介

［著者プロフィール］

鈴木 雄介（すずき・ゆうすけ）

Graat（グロース・アーキテクチャ＆チームス株式会社）代表取締役社長

1975年生まれ。1998年、イセタンデータセンター（現・株式会社三越伊勢丹システム・ソリューションズ）入社。商品管理、ECなどの開発・保守を担当したのち、フリーランスとして独立。2008年にグロースエクスパートナーズ株式会社の創業に参画。2018年に子会社としてグロース・アーキテクチャ＆チームス株式会社を設立し、代表取締役社長に就任。エンタープライズ領域に対するアジャイルやマイクロサービスの導入支援を行うエンタープライズDXコンサルティング事業を行っている。2007年、日本Javaユーザーグループの創立に参加し、2013年より会長、サブリーダーを歴任し、Javaコミュニティーに貢献。2013年、日経SYSTEMSの「これが日本のトップアーキテクト」の1人に選出。

DXリーダー必修講義
6つのキーテクノロジー

2024年12月23日　第1版第1刷発行

著者　　　　　　　鈴木 雄介
編集　　　　　　　中山 秀夫
発行者　　　　　　浅野 祐一
発行　　　　　　　株式会社日経BP
発売　　　　　　　株式会社日経BPマーケティング
　　　　　　　　　〒105-8308　東京都港区虎ノ門4-3-12
ブックデザイン　　沢田 幸平（happeace）
制作　　　　　　　マップス
印刷・製本　　　　TOPPANクロレ株式会社

ISBN978-4-296-20573-8
©Yusuke Suzuki 2024　Printed in Japan

本書の無断複写・複製（コピー等）は、著作権法上の例外を除き、禁じられています。
購入者以外の第三者による電子データ化及び電子書籍化は、私的使用を含め一切認め
られておりません。
本書籍に関するお問い合わせ、ご連絡は下記にて承ります。
https://nkbp.jp/booksQA